# Enwau Tafarnau
# Cymru

## Myrddin ap Dafydd

Gwasg Carreg Gwalch

Argraffiad cyntaf: 2016

Cyhoeddir gan Wasg Carreg Gwalch,
12 Iard yr Orsaf, Llanrwst, Conwy, LL26 0EH.
Ffôn: 01492 642031 Ffacs: 01492 641502
e-bost: llyfrau@carreg-gwalch.com
lle ar y we: www.carreg-gwalch.com

Rhif rhyngwladol: 978–1-84527-559-4

Mae'r cyhoeddwr yn cydnabod cefnogaeth ariannol
Cyngor Llyfrau Cymru

Cynllun clawr:Eleri Owen
Lluiau Porth Dinllaen/Rhuol:Tony Jones,Y Rhiw
Llun Tafarn Ffynhonne: Hedd Ladd Lewis
Llun Tafarn y Packet, Caernarfon: Emyr Llewelyn

1. *Caernarfon;*
2. *Trefriw*

# Cynnwys

# Yr ail gasgliad

Mae dros chwarter canrif wedi mynd heibio ers pan gyhoeddwyd cyfrol yng nghyfres *Llyfrau Llafar Gwlad* ar enwau tafarnau yng Nghymru. Wrth fynd yn ôl ar y lôn a chwilio a chasglu unwaith eto, roedd gen i fy ofnau – mae'r fasnach gwerthu cwrw wedi newid yn arw dros y blynyddoedd diwethaf ac mae newidiadau cymdeithasol pellgyrhaeddol hefyd. Mae amryw o dafarnau wedi cau'u drysau, rhai wedi'u dymchwel ac eraill yn gerrig beddau i gyfnodau mwy llewyrchus. Mae'r wasgfa i'w theimlo yng nghefn gwlad ac yn yr hen ardaloedd diwydiannol, gyda Chymru yn dioddef lawn mwy nac unrhyw wlad arall. Yn 2005 roedd deg ar hugain o aelodau yng nghymdeithas tafarnwyr Cwm Rhondda; erbyn 2010 dim ond pum aelod oedd ar ôl. Mae dwy neu dair tafarn yr wythnos yn cau yng Nghymru o hyd.

Mae rhai'n beio'r gwaharddiad ar smygu (2007 yng Nghymru); mae eraill yn beio prisiau isel yr archfarchnadoedd. Cyfrannodd gwasgfa'r banciau ar forgeisi at y cyni ac ae monopoli'r bragdai mawrion wrth bennu pris y gasgen ar eu tenantiaid a rhenti afresymol y cwmnïau tafarn a ymddangosodd dan Thatcher yn ffactorau eraill.

Trodd rhai tafarnau at gynnig bwyd arbennig er mwyn goroesi – mae rhai'n cynnig gwasanaeth y gegin i ysgolion a

henoed yn ystod y dydd. Lleolwyd siop y pentref a'r swyddfa bost yn y dafarn mewn rhai ardaloedd. Tyfodd poblogrwydd y cwis tafarn a dechreuodd mwy a mwy o gymdeithasau a chlybiau lleol drefnu cyfarfodydd mewn tafarnau – clybiau ffitrwydd, trafod llyfrau, mamau a phlant. Gwnaeth y ddeddf fwg les i dwf y gweithgareddau hyn. Daeth nifer o dafarnau yn eiddo i'r gymuned, gan gael eu rheoli gan wirfoddolwyr a gwneud cyfraniad i ddiwylliant a mudiadau'r ardal. Bu twf mewn bragdai crefft lleol Cymreig – mae bron gant ohonynt yng Nghymru bellach – wedi dod â chwrw blasus, newydd ar y farchnad ac mae'r tafarnau sy'n eu gwerthu yn denu cefnogaeth.

Er hynny, gwerthwyd cannoedd o dafarndai ar ocsiwn am brisiau isel. Lle nad oedd amodau cadwraeth yn gwahardd

hynny, trowyd nifer yn llety gwyliau mewn ardaloedd gwledig a fflatiau mewn ardaloedd trefol. Dymchwelwyd eraill a chodi tai ar eu meysydd parcio. Mae rhai'n sefyll yn segur, yn ddrychiolaethau trist o'r hen fywyd fu ynddynt.

Yn ogystal â cholli canolfannau i'r gymdeithas leol, adeiladau o ddiddordeb pensaernïol arbennig a'r drysorfa o hanes lleol sy'n aml i'w gweld ar waliau tafarnau, collwyd yr enwau. Dyna ddarn arall o dreftadaeth yn diflannu.

Eto, er bod llai o dai tafarn yng Nghymru heddiw, mae mwy o enwau Cymraeg ar y rhai sy'n weddill nag oedd chwarter canrif yn ôl. Roedd fy nghalon yn cael ei chodi wrth imi grwydro. Ym mhob cwr o Gymru, mae mwy a mwy o dafarnau'n defnyddio'r Gymraeg. Mae'r enw Cymraeg bellach yn amlwg yn cael croeso gan gwsmeriaid ac mae'r nifer o dafarnau sydd yn defnyddio'r enw Cymraeg yn unig hefyd ar gynnydd.

1. *Tafarn yr Eifl, Llanaelhaearn; 2. Y Cwori, Llanllyfni; 3. Y Cwm, Blaenau Ffestiniog; 4. Diwedd Britannia yn yr Wyddgrug*

# Cyflwyniad

Wrth gerdded i mewn i'r **Grapes** ym Maentwrog, neu dafarn **Y Grawnwin** yng Nghastellnewydd Emlyn, go brin y byddai unrhyw un yn meddwl ei fod yn camu'n ôl ymhell iawn drwy'r canrifoedd. Ond mae cysylltiad uniongyrchol rhwng y Rhufeiniaid a'r tafarnau hyn – a hynny yn yr enwau sydd arnynt.

Yn ystod cyfnod y Rhufeiniaid y daeth arwyddion masnachwyr i fri gyntaf erioed. Cadwyd llawer o'r rhai gwreiddiol yn ddiogel o dan lwch y llosgfynydd Vesuvius yn ninas Pompeii. Oddi wrth yr arwyddion hynny, wedi'u gweithio mewn carreg neu blastar, gwelwn mai *gafr* oedd yn dynodi llaethdy ac mai *mul yn troi melin* oedd o flaen siop y pobydd. Mae yno hefyd baentiad o Bacchus yn sathru cwlwm o rawnwin gan ddynodi gwerthwr gwin, a hwn yw hen daid y tafarnau hynny heddiw ym Maentwrog a Chastellnewydd Emlyn.

Llwyn o ddail bytholwyrdd a roddai'r Rhufeiniaid o flaen tŷ tafarn, ac wrth gwrs mae'r **Bush**, yr **Ivy Bush** a'r **Holly Bush** yn enw ar sawl tafarn yng Nghymru heddiw.

Mae'r 'ddeilen eiddew (iorwg)' yn addasiad diddorol o arferiad y Rhufeiniaid o blannu gwinwydden ar dalcen neu dros borth tafarndy. Er iddyn nhw blannu gwinllannoedd llwyddiannus yn ystod eu canrifoedd yma yng Nghymru, caledodd yr hinsawdd ar ôl hynny mae'n debyg. Gan fod y gwinwydd yn crino, dechreuwyd plannu eiddew y tu allan i dai tafarn – gan fod deilen eiddew mor debyg i ddeilen gwinwydden. Mae'r ddihareb Saesneg yn rhoi sylw i'r dull hwn o hysbysebu: '*A good wine needs no bush*'. Tybed nad yr un tarddiad sydd i'r 'llwyn' a welir yn enw tafarn **Llwyn Dafydd** ger Llangrannog? Diddorol yw nodi'r cofnod hwn o'r traethawd ar lên gwerin Meirion o waith William Davies a gyhoeddwyd yn 1898:

> Ar ffeiriau gynt gosodid pincyn o gelyn wrth ben drysau y tafarndai yn arwydd fod yno gwrw a phorter ar werth.

Mae'r cysylltiad Lladinaidd yn parhau mewn enwau fel **Tafarnspite** a geir ym Mhenfro a Cheredigion, a hefyd tŷ o'r enw **Spite Inn** yng Ngwalchmai. O'r Lladin,

*1. Castellnewydd Emlyn; 2. Caerfyrddin; 3. Maentwrog; 4. Llwyn Dafydd*

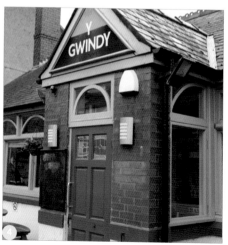

*hospitium* y tarddodd enwau'r tafarnau hyn, ond mae stori wahanol yn cael ei hadrodd i geisio esbonio enw **Spite Inn** ym mhlwyf Llanddulas ar Fynydd Epynt. Mae'r dafarn honno wedi'i chodi gerllaw hen dafarn y **Cross Inn**, a arferai fod yn boblogaidd ymysg porthmyn. Yn ôl y stori, codwyd y dafarn newydd er mwyn sbeitio perchennog y **Cross Inn**!

Pan fabwysiadodd ein cyndeidiau arfer y Rhufeiniaid o osod arwydd y tu allan i'w siopau a'u tafarndai, arwyddion carreg neu blastar oedd y rheiny yn wreiddiol, ond yn ddiweddarach daeth yn ffasiynol i grogi arwyddion pren wrth far haearn. O dipyn i beth, amrywiodd y lluniau a welid ar yr arwyddion pren. Yn hen drefi'r Oesoedd Canol, roedd strydoedd cyfan yn tueddu i arbenigo ar un grefft. Nid oedd arwyddion cyffredinol y grefft, megis polyn coch a gwyn y barbwr neu dair pêl aur y benthyciwr arian, yn tynnu llawer o sylw mewn strydoedd o'r fath, a dechreuodd marchnatwyr a chrefftwyr fabwysiadu arwyddion mwy personol. Defnyddiwyd arwyddion gweladwy, gan nad oedd y bobl gyffredin yn medru darllen – anifeiliaid, adar, blodau, coed a hefyd enwogion y dydd ac arfau'r grefft. Mabwysiadodd y tafarnau yr un patrwm, nes bod strydoedd yr hen drefi'n llawn o arwyddion yn cystadlu â'i gilydd am lygad y cyhoedd.

Nid oedd y traddodiad trefol cyn gryfed yng Nghymru yn ystod yr Oesoedd Canol ag yr oedd yn Lloegr, a Seisnig iawn oedd hynny o drefi a geid yma. Er hynny, nid yw'r trefi i'w diystyru'n llwyr chwaith – er nad oedd gan y Cymry hawl i fynychu trefi fel Biwmares, Caerfyrddin, Caernarfon, Conwy a Phenfro ar y dechrau, cafodd amryw ohonynt droedle gyda threigl y blynyddoedd. Bu Llywelyn, ewythr Dafydd ap Gwilym, yn gwnstabl Castellnewydd Emlyn, ac mae'r bardd hwnnw'n cyfeirio'n fynych at y lletygarwch – a'r trafferthion – a gafodd mewn gwahanol dafarnau. Yn ddiweddarach, cawn hanes Owain Tudur, taid Harri Tudur, yn cadw tafarn yng Nghonwy.

Mae 'gwindy', 'tŷ tafarn', 'tŷ potas' ac yn syml, 'llety', i gyd yn cyfleu'r termau *wine tavern*, *ale house* ac *inn*, ac yn ddrych o draddodiadau gwahanol ar draws y canrifoedd a'r gwahanol ddylanwadau a gafodd y farchnad ar enwau tafarnau.

1. *Tafarnspite, Penfro;* 2. *Y Porth, Rhondda;*
3. *'Tafarn Gelyn';* 4. *Abergele*

# Y Dafarn a'r Eglwys

Cysylltir y dafarn ar hyd yr oesoedd â thrafaelio, a'r teithwyr cynharaf oll oedd y pererinion. Roedd amryw o'r tafarnau gwreiddiol ar lwybrau'r pererinion a gwelir dylanwad hynny hyd heddiw yn Llŷn, ar y ffordd i Enlli, ac ym Mhenfro, ar y llwybrau i Dyddewi.

Caffi a siop yw'r Gegin Fawr, Aberdaron, erbyn heddiw, ond '**tafarn y pererinion**' oedd hi yn yr hen ddyddiau. Yn y gegin honno y byddai'r pererinion yn aros am gwch o Borth Meudwy i'w cludo i Ynys Enlli. Roedd gan y mynaich noddfa i gleifion ar eu ffordd i Enlli yn Rhydyclafdy a choffeir hynny ar arwydd tafarn **Tu-hwnt-i'r-afon** yn y pentref hwnnw heddiw. Mae tafarn **Sant Beuno**, Clynnog Fawr yn nodi un arall o hen lwybrau'r saint.

Er mai un o 'ddinasoedd' lleiaf y byd yw Tyddewi, mae'n ymfalchïo yn y statws a rydd yr eglwys gadeiriol iddi, ac mae'r **City Inn** yno yn dyst o hynny, er ei bod yn goglais gwên ar yr un pryd. Mae nifer o enwau tafarnau eraill yn dangos cysylltiad amlwg â'r eglwys hefyd, megis **Church Tavern**, Merthyr, a'r **Angel**, dan gysgod yr eglwys yn Nhrefynwy. Arwydd Sant Pedr oedd yr allweddau croes (ceidwad porth y nefoedd, wrth gwrs), ac mae sawl **Cross Keys** yn arwydd o ffyddlondeb uchelwyr lleol i'r hen grefydd Babyddol yn y cyfnod ar ôl y Diwygiad Protestanaidd. *Agnus Dei* yw'r oen a roes ei enw i **Westy'r Oen**, Llangeler, a sawl **Lamb** a **Lamb and Flag** arall. Mae'r **Saracen's Head** yn enw sy'n dyddio'n ôl i gyfnod Rhyfeloedd y Croesgadwyr ac arwydd crefyddol yn wreiddiol oedd y '**Saith Seren**' hefyd – y rhain oedd y saith seren yng nghoron y forwyn Fair, ond fe'i mabwysiadwyd gan y Seiri Rhyddion yn ddiweddarach.

Ceir sawl **Tafarn y Groes**, neu **Cross Inn**, yng Nghymru, ond mae mwy i'r enw na bod y tafarnau yn sefyll ger croesffordd yn unig. Yn yr hen ddyddiau codid croesbrennau ar ochr y ffyrdd i gysuro teithwyr – gwelir y capeli bychain, agored hyn mewn gwledydd Pabyddol hyd heddiw. Hen ffurf ar 'Croes' yw **'Crwys'** ac mae stryd, capel a thafarn o'r enw yng Nghaerdydd.

*Y Gegin Fawr*
*– 'Tafarn y Pererinion', Aberdaron*

Ganrifoedd yn ôl, roedd llawer o'r tafarnau yn eiddo i'r eglwysi, a byddai'r eglwysi hefyd yn bragu eu cwrw eu hunain – gan ddefnyddio haidd y degwm, mae'n siŵr! Yn ôl traddodiad, roedd gan Sant Padrig fragydd personol at ei wasanaeth – gŵr o'r enw Mecsan, oedd yn cynhyrchu diod, gan ddefnyddio haidd, a elwid yn *courmi* yn y Wyddeleg. Bragdy yn eiddo i Eglwys y Santes Fair yn Aberteifi oedd y **Lamb** yno yn wreiddiol. Safai'r adeilad gwreiddiol ger porth yr eglwys, ond erbyn hyn mae'r dafarn sy'n cario'r enw ar draws y sgwâr iddi.

Mewn erthygl yn *Yr Haul*, cylchgrawn yr Eglwys yng Nghymru, Gorffennaf 1932, honnir mai'r rheswm pam fod eglwysi'n bragu cwrw oedd er mwyn cadw pobl yn sobr! Y rhesymeg y tu ôl i hyn oedd bod yr hen Gymry'n bragu medd cartref, ac mae'n debyg bod hwnnw'n drwyth meddwol dros ben. Yn ôl Evan Roberts, Llandderfel, awdur yr erthygl honno:

' . . . medd-dod ofnadwy o niweidiol i'r corff oedd meddwi ar fedd, a meddwi ydoedd nad oedd sobri ar ei ôl am ddyddiau lawer. Heblaw hynny, yr oedd ei effaith ar gyd-bwysedd y corff yn dra gwahanol i feddwi â chwrw. Pan feddwir ar gwrw, pwyso ymlaen a wneir, nes bod y meddw yn mynd ar ei ben, ond pwyso'n ôl yr oedd y medd, a'r meddw hwnnw yn gorfod mynd 'wysg ei gefn' er pob ymdrech i fynd ymlaen.'

Roedd hen dai'r eglwysi yn lleoedd hwylus i gyfarfod ynddynt i drefnu ynglŷn â materion y plwyf – yn cyflawni swyddogaeth y neuaddau eglwys a godwyd yn ddiweddarach. Roeddent hefyd yn fannau i deithwyr orffwyso a derbyn lluniaeth, ac yno y cynhelid llysoedd barn, cyfarfodydd talu rhent a thalu degwm, a hefyd cyfarfodydd cymdeithasol. Yn ddiweddarach, yn ôl Evan Roberts, yr aeth yr eglwysi ati i fragu cwrw ysgafn a'i werthu yn y tai hyn, a dadleuai bod hynny'n beth llesol iawn: 'Amcan dwyn y cwrw i mewn oedd denu'r bobl oddi wrth y medd, a'u sobri. O ddau ddrwg, eu cael oddi wrth y mwyaf at y lleiaf ei niwed.'

Ta waeth am y ddamcaniaeth honno, mae calon y gwir ganddo, sef mai tai'r eglwys oedd yr hen dafarnau plwyf. Y

1. *Tafarn y Groes, Groesynyd, Dyffryn Conwy; 2. Dolgellau; 3. Caerdydd*

patrwm mewn sawl pentref a thref fechan yng Nghymru yw mai'r dafarn yw'r adeilad agosaf at yr eglwys – fel rheol, fe'i lleolir gyferbyn â phorth y fynwent. Yn Llanelian, ger Bae Colwyn, mae wal y dafarn yn ffurfio rhan o wal y fynwent ac ni ellir mynd drwy'r porth heb groesi stepan drws y dafarn. Yn Llanwynno, rhwng Pontypridd a'r Rhondda, yr unig adeiladau yn y 'llan' ei hun yw'r eglwys, lle claddwyd Guto Nyth Brân, a'r dafarn, a elwir yn **Brynffynnon**.

Dwy hen dafarn sydd bellach wedi cau yw'r tai a elwir yn **Tŷ'n Porth** yn Ysbyty Ifan a Llangybi – mae'r ddau dŷ gyferbyn â phyrth yr eglwysi yn y pentrefi hynny. Yn Llangybi, roedd yr addolwyr yn arfer yfed ar gefnau'u ceffylau cyn mynd i'r eglwys ac roedd twll uchel ym mur allanol y dafarn lle gallent adael eu gwydrau ar ôl eu gwagio.

Mae Bob Owen, Croesor yn cyfeirio at yr hen '**dyddyn llan**' yn y *Ford Gron*, ac yn sôn fel y gwerthid 'cwrw'r eglwys' ynddo i ddathlu gŵyl fabsant y plwyf, gan rannu'r elw rhwng y tlodion. Mae nifer o dafarnau yng Nghymru heddiw yn dwyn enwau sy'n cofnodi'r cysylltiad agos hwn rhyngddynt a'r eglwysi, megis **Tŷ'n Llan**, Llandrillo, ger Corwen; **Gwesty'r Porth,** Llandysul a **Pen Llan**, Capel Garmon.

Y 'llan' oedd curiad calon yr hen blwyfi pan oedd y boblogaeth yn byw ar wasgar mewn bythynnod. Yno roedd y siop a'r dafarn, yr eglwys a gweithdai'r crefftwyr ac yno y byddai'r man cyfarfod i drafod y byd a'i bethau a chasglu newyddion. Yno hefyd, wedi ambell sbri, y ceid ymladdfa a hen chwaraeon gwaedlyd yr oes o'r blaen. Mae lleiniau o dir ger eglwysi a hen dafarnau Llanystumdwy a Llanarmon, sir Gaernarfon o hyd yn dwyn yr enw 'Maes y Gwaed', lle, yn ôl yr hanes, y byddai pobl yn ymladd. Eglurhad arall ar yr enw '**Maes y Gwaed**' yn Llanystumdwy yw mai ar y darn tir hwnnw yr arferid ymladd ceiliogod.

Ni ddaeth y Diwygiad Protestannaidd nac Ymneilltuaeth gynnar â fawr ddim newid i'r hen drefn o gysylltu cwrw â chrefydd. Rhoddid lwfans cwrw i'r pregethwyr teithiol cynnar, a rhaid oedd cael 'cwrw'r achos' ym mhob cyfarfod misol. Mae gan Bob Owen, Croesor stori ddiddorol:

*1. Ysbyty Ifan; 2. Llangybi, Eifionydd; 3. Llandysul; 4. Capel Garmon*

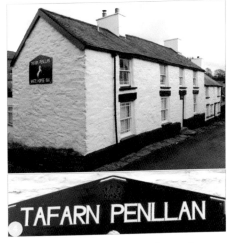

Enwau Tafarnau Cymru 15

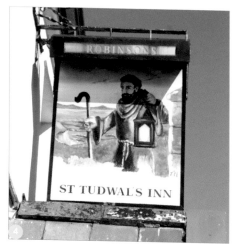

A glywsoch chwi sôn am y Cyfarfod Misol hwnnw yng Ngwynedd, yn agos i 90 mlynedd yn ôl, lle'r oedd casgen o gwrw wedi ei phwrcasu ar gyfer y pregethwyr a'r blaenoriaid, ond a ollyngwyd 'ar snêc' gan lanciau direidus? Pan aethpwyd ati i'w thapio ar yr awr ginio, nid oedd dim ynddi ond gwaddod, a dyna lle bu helynt llosgedig, gymaint fel yr awd â'r achos i'r Cwrdd Misol i chwilio i mewn iddo, er mwyn mynnu cosbi'r sawl a wagiodd gasgen gwrw'r achos.

Cyfeirid at y **Lamb** yn Rhaeadr Gwy fel 'tafarn y pregethwyr' ar un adeg gan fod cannoedd ohonynt yn cael eu croesawu yno ar eu taith rhwng y de a'r gogledd. Mae hanes am un ohonynt, Dafydd Williams, Troedrhiwdalar, yn ymgodymu ar y llawr â morwyn y tŷ wedi i weinidog direidus ei hannog i gynorthwyo'r hen Ddafydd i dynnu'i sanau gwlybion.

Mewn tafarnau y cynhelid y cyrddau gweddi a'r oedfaon cyntaf mewn rhai ardaloedd – yn nhafarn y **Virgin** (yr **Albion Hotel** erbyn hyn) y bu'r seiat gyntaf ym Mangor, a chynhelid yr Ysgol Sul ym Mhorth-cawl yn nhafarn y **Victoria** ar y cychwyn. Argreffid Y *Bedyddiwr* yn seler yr **Halfway Inn** ym Mhontllan-fraith ar un cyfnod, ac yn y **Prince of Wales Inn**, Tremadog y pregethwyd am y tro cyntaf yn Nyffryn Madog, a hynny gan Thomas Charles o'r Bala.

Câi Methodistiaid cynnar Ffestiniog eu herlid mor ffyrnig fel eu bod yn gorfod cyfarfod yn gudd mewn tŷ tafarn. Mewn rhai ardaloedd, trowyd ambell dafarn yn gapel – cofrestrwyd **Tŷ Newydd**, Abersoch yn dŷ cwrdd yn 1672 a thafarn a drowyd yn gapel yw'r **Star** ym Mwlch-y-groes, Penfro hefyd. Enw sy'n nodi newid defnydd croes i hynny yw **Tŷ'n y Capel Inn** ym Minera, ger Wrecsam. Mae'n debyg mai mynaich o Abaty Glyn-y-groes, Llangollen a gododd yr adeilad hwnnw'n wreiddiol.

1. *Aberteifi; 2. Minera; 3. Sir Benfro; 4. Abersoch*

# Tai Agored

Tai a thyddynnod cyffredin oedd y rhan fwyaf o dafarnau gwledig Cymru yn wreiddiol – tai yr agorwyd eu drysau i'r cyhoedd gael llymaid a thamaid ynddynt. Yn aml iawn, byddai'r gŵr yn dilyn galwedigaeth arall a'r wraig fyddai'n gofalu am y dafarn. Byddai'r teulu'n byw yn y tŷ, gan neilltuo un ystafell i'r yfwyr fel rheol.

Oherwydd hynny, wrth enw'r wraig y câi'r dafarn ei henwi – Jem oedd yn cadw'r dafarn honno ger Llanbedr Pont Steffan yn yr hen ddyddiau, ac un o dafarnau enwocaf Cymru heddiw yw'r **Dyffryn Arms** (neu'r **Llwyncelyn**), Cwm Gwaun,

sir Benfro, sy'n llawer mwy adnabyddus wrth enw'r cymeriad o dafarnwraig sy'n ei rhedeg: **Tafarn Bessie**.

Mae gan William Hughes, Rhiwen, ger Bangor, atgofion diddorol am ei daid, William Morris, oedd yn cadw tafarn y **King Arthur** ym Mhenisa'r-waun yn ystod ail hanner y bedwaredd ganrif ar bymtheg:

Roedd yn Eglwyswr i'r carn, yn cadw tŷ tafarn, yn of gwlad ac yn dipyn o ffarmwr. Roedd King Arthur yn lle prysur iawn 'ramser honno. Byddai'r meibion yn gweithio hefo'u tad yn yr efail, gyda mam a'i chwiorydd yn

1. *Tafarn Jem;* 2. *Hen lun o 'Jem';*
3. *'Tafarn Bessie', Cwm Gwaun*

cynorthwyo nain yn y tŷ. At hyn roedd King Arthur yn gyrchfan i feirdd a cherddorion y fro, yn enwedig ar nos Sadyrnau. Byddai beirdd fel Dewi Peris, Owen Dinorwig a Dewi Havhesp yn ymgasglu yn yr hen Gegin Fawr a oedd yno.

Cafodd y dafarn hon ei henwi ar ôl hen ffynnon Cegin Arthur sydd gerllaw, ac roedd William Morris hefyd yn fardd, ac yn arwain y gân i gyfeiliant ffidil yn Eglwys Llanddeiniolen. Dyna'r math o gymeriadau amlochrog oedd yr hen dafarnwyr. Erbyn hyn, rhannwyd y dafarn yn ddau dŷ – 'Bedwyr' a 'Lawnslot'.

Yn yr un plwyf mae **Tafarn Gors Bach**, ger Bethel. Ffermdy'n dyddio'n ôl i'r unfed ganrif ar bymtheg oedd hon yn wreiddiol, ond bod ganddi drwydded i werthu cwrw mewn dwy ystafell. Dyna oedd y drefn mewn amryw o ffermdai lle'r arferid bragu cwrw cartref: 'Caed bara a chaws a chwrw yng Ngwanas', meddai'r hen gân werin, ac, wrth gwrs, fferm ger y Brithdir, Dolgellau yw Gwanas. Mae tafarn o'r enw **Cynghordy Inn** ger Talgarth ym

*1. Llanddeiniolen; 2. Tre-gŵyr*

Mrycheiniog, ond y '**Talgarth Inn**' yw ei henw ar lafar gwlad, a hynny oherwydd bod y dafarn yn rhan o adeiladau allan fferm o'r enw Talgarth ac mai un busnes oedd y ddau yn wreiddiol.

Hen feudy oedd **Tafarn y Parciau Bach**, Sanclêr i ddechrau, ac mae'n debyg bod yr enw wedi'i gadw ers y cyfnod hwnnw, sef enwau'r caeau oddi amgylch y beudy. Mae blas amaethyddol cryf ar enw **Tafarn y Poundffald**, Tre-gŵyr hefyd – corlan oedd yno'n wreiddiol, ac mae wal gron honno i'w gweld yn rhan o adeiladwaith y dafarn hyd heddiw. Corlan yw ystyr *pound*, a dyna un ystyr i 'ffald' hefyd, ond gall olygu buarth yn ogystal.

Mae adeiladau'r fferm yn dal yn rhan o fuarth y dafarn yn y **Butchers' Arms**,

Eglwyswrw, ac er mai enw tafarn yn Wrecsam yw **Caia** erbyn hyn, ffermydd oedd yn dwyn yr enw hwnnw'n wreiddiol cyn adeiladu'r rhan honno o'r dref.

Pan godai hen deuluoedd dai newydd iddynt eu hunain, **Tŷ Newydd** fyddai'r enw ar y rheiny'n aml iawn. Mae rhai o'r rhain yn dafarnau ers blynyddoedd ac yn glynu at yr enw, er eu bod yn hen iawn bellach – mae **Tŷ Newydd**, Sarn Mellteyrn yn bum cant oed!

Ond **Yr Hen Dŷ** yw enw un o'r tafarnau yn Llangynwyd, ger Maesteg. Mae'r tŷ hwn yn dyddio'n ôl i 1147 yn yr ardal a gysylltir

1. Llangynwyd; 2. Sarn Mellteyrn; 3. Llantarnam; 4. Beddgelert; 5. Llanbedrog; 6. Penmachno; 7. Llanfair Pwllgwyngyll

# GWESTY
# TY GWYN

â stori Wil Hopcyn ac Ann Maddocks, 'Y *Ferch o Gefn Ydfa*'. Darlunir un o draddodiadau 'Yr Hen Blwyf' ar arwyddbren y dafarn, sef Y Fari Lwyd.

Ond roedd tai cyffredin, yn ogystal â ffermdai, yn agor eu drysau i werthu cwrw, ac, o'r herwydd, pensaernïaeth ac enwau tai cyffredin sydd i lawer o'r 'tai agored' hyn. Gwyngelchid tai annedd ers talwm, er mwyn iddynt edrych yn wahanol i'r beudai a'r stablau, a dyna pam fod sawl tŷ tafarn o'r enw **Tŷ Gwyn** ar gael yng Nghymru. Mae hen rigwm wedi'i gofnodi fel hyn:

A ddoi di, Siôn, i wario swllt
I'r tŷ gwyn â'r to gwellt?

Nid gwyn oedd yr unig liw wrth gwrs. Mae arwyddion carreg sy'n dyddio'n ôl i 1719 ar dafarn **Tŷ Gwyrdd**, Llantarnam ger Pontypŵl, gyda'r cwpled a ganlyn arno:

Cwrw da a seidir ichwi
Dowch y mewn, chwi gewch y brofi.

Mae 'briws' yn enw cyffredin yn Nyffryn Conwy a rhannau o sir Ddinbych am yr adeilad agosaf i'r ffermdy, lle gwneir y golchi a lle'r oedd y popty mawr ers talwm. Mae'n debyg mai *brew-house* yw tarddiad y gair, ac mae'n dwyn i gof yr amser pan oedd bron pob fferm yn bragu cwrw cartref at wahanol achlysuron. Os oedd y ffermdy mewn man cyfleus, yna agorid y drws i ymwelwyr neu deithwyr a gwerthid y cwrw oedd dros ben ar ôl digoni gofynion y fferm. Mewn rhai ardaloedd o Gymru, bragu seidr a wneid yn hytrach na chwrw, ac mae fferm o'r enw *Cider House* rhwng y Drenewydd a Threfyclo hyd heddiw.

*Tŷ Gwyn, Y Ro-wen, Dyffryn Conwy*

# Croeso i Deithwyr

Dyma bennill arall yn cyfeirio at dafarn gydag enw digon cyffredin ar dŷ arni:

Pan oeddwn i neithiwr yn nhafarn **Ty'n Coed**
Mor feddw â'r meddwa a welsoch chi rioed,
Mi ffeiriais fy ngheffyl am hen gaseg wen,
Mi taflodd fi deirgwaith a 'nhin am fy mhen.

Roedd coeden wrth dafarn yn ei gwneud hi'n hawdd i'w hadnabod i deithwyr ac mae enwau coed yn amlwg mewn enwau tafarnau. Mae'r dderwen yn gyffredin iawn (a gwelir y ffurf luosog o'r enw yn **Nhafarn y Deri**, Llanedi ger Cross Hands). O dan yr onnen mae'r dafarn i'w chanfod ym Meddgelert ac mae traddodiad diddorol am dafarn sydd wedi diflannu bellach ond

sydd wedi gadael ei henw ar bentrefan ger Llanrwst: **Tafarn-y-Fedw**. Crogid ysgub fedw uwch porth y dafarn – pan oedd yr ysgub ar i lawr, roedd y drws ar gau, ond pan fyddai'r ysgub fedw ar i fyny, byddai croeso i deithiwr alw i mewn am lymaid.

Carreg, ac nid coeden, oedd yr arwydd bod teithwyr blaenau Cwm Tawe wedi cyrraedd **Tafarn y Garreg**. Mae'r garreg honno i'w gweld ar gornel y dafarn hyd heddiw.

Roedd pob rhiw neu allt neu fryn ar y daith yn golygu ymdrech ychwanegol yn nyddiau'r cerdded, neu wrth gario llwythi gyda cheffyl a throl. Rhywbeth i'w groesawu'n arw oedd cyrraedd pen y bryn, a dyna le delfrydol i agor drws a cheisio am chydig o fusnes tŷ tafarn.

Dyna gefndir sawl **Pen-y-bryn** ar hyd a lled Cymru. Amrywiadau ar hynny yw **Penrhiwllan**, Cei Newydd; **Penrhiwgaled**, Cross Inn, Ceredigion a **Thafarn Penrhiw**, Aber-cuch. Gellir dychmygu certmyn sychedig yn gorffwys ynddynt wedi stryffaglio i gael eu llwythi i ben y gelltydd, ond sut mae esbonio atyniad

1. Tafarn y Garreg; 2. Llanedi;
3. Penrhyndeudraeth; 4. Beddgelert;
5. Tafarnyfedw ger Llanrwst

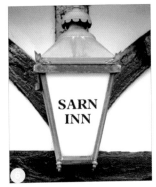

tafarn **Troedrhiwfuwch** ger Bargoed, Morgannwg tybed?

Roedd tŷ ger rhyd mewn afon yn gyfleus i deithwyr alw heibio iddo ar ôl neu cyn mentro'r lli hefyd ac mae ambell **Dafarn y Rhyd** i'w chanfod. Amrywiad ar hynny yw **Tafarn y Sarn** yn Sarn, ger y Drenewydd – cerrig i gerdded drwy afon neu nant oedd sarn yn wreiddiol. Mewn cyfnod diweddarach, daeth pontydd yn fwy cyffredin ac mae **Tafarn y Bont**, a **Phen-y-bont**, yn frith drwy Gymru. Hen dafarn sydd wedi'i throi'n ffermdy erbyn

1. Llanrwst; 2. Cricieth; 3. Ceinewydd;
4. Cross Inn; 5. Rhyd-y-Blew; 6. Sarn ger y Drenewydd; 7. Rhyd-sbens, Maesyfed;
8. Rhyd-y-Pennau, Ceredigion; 9. Llanrwst

hyn yw **Pen-y-bont**, Ysbyty Ifan, ac roedd y pennill hwn wedi'i baentio ar yr arwydd a grogai uwch y drws;

*1. Sarn Mellteyrn; 2. Betws-y-coed; 3. Abergwaun*

> Rôl dringo'r Llech, a Charreg y Frân,
> Ffast anian o Ffestiniog;
> Disgynnwch yma at Sarah Llwyd,
> Cewch ganddi fwyd amheuthun.

Lleoliad digon tebyg roddodd fod i enw **Tafarn Penpompren** yn Nhrefach, Llanybydder.

Roedd cyrraedd pen y bwlch yn orchest oedd yn haeddu dathliad bach a gorffwys i'r hen deithwyr ac roedd tafarnau i'w gweld yn gyffredin yn y mannau hynny. Mae enw hen dafarn y Crimea i'w glywed ar Fwlch y Gorddinan rhwng Blaenau Ffestiniog a Dolwyddelan o hyd, er mai dim ond clwstwr o feini ar ochr y ffordd sydd ar ôl ohoni bellach. Tafarn y Tywysog Llywelyn oedd yr enw gwreiddiol ar y dafarn, ond newidiwyd hwnnw wedi'r rhyfel yn 1859. Saif tŷ o'r enw **Tafarn y Bwlch** ger y tro am Rosebush ym mynyddoedd y Preseli o hyd.

Roedd cyrraedd tref, a phen y daith, yn rhywbeth i'w groesawu yn ogystal. Ceir tafarnau ar y cyrion yn gyson ac mae'r enw **Pendre** yn Abergwaun yn dweud y cyfan.

Y drefn yn yr hen dai agored i deithwyr oedd bragu cwrw cartref. Mae'r traddodiad hwnnw wedi'i gofnodi'n helaeth ac mae

1. *Bragu cwrw cartref; 2. Tregarth ger Bethesda; 3. Aberteifi; 4 Y Felinheli*

gan ardaloedd yn ne-orllewin Cymru yn arbennig eu ryseitiau teuluol hyd heddiw. Wrth i'r trefi dyfu, roedd ganddynt o leiaf un bragdy lleol bob un. A Chymru'n ymfalchïo bod bragdai lleol yn ffynnu yma unwaith eto, mae ambell hen arwydd tafarn sy'n dal i hysbysebu rhai o'r arwyddion traddodiadol fel *Hancocks* a *Border* i'w gweld yma ac acw o hyd.

Mae 'gardd gwrw' wedi magu ystyr newydd yn ystod yr hanner canrif diwethaf, ond yn wreiddiol roedd perlysiau, a hyd yn oed hopys, a dyfai yng ngerddi'r tafarnau yn bwysig ar gyfer bragu ei chwrw. Gwelir tafarndai **Pant-yr-Ardd**

a **Garddfon** yn Nhregarth a'r Felinheli.

# Hen Wlad fy Nhadau

Yng Nglyndyfrdwy, ger Corwen, mae tafarn y **Berwyn**; ym Mlaenau Ffestiniog, mae tafarn y **Manod** ac yn Llanfihangel Crucornau mae **Tafarn Ysgyryd**. Mynyddoedd lleol sydd wedi benthyca'u henwau i'r tai croesawus hyn ac mewn gwlad fynyddig, mae yna gyfoeth o enwau ucheldiroedd a chymoedd ar ei thai tafarn. Gwelir **Cwm Du** ger Llandeilo, **Gwaelod y Garth** ger Caerdydd ac wrth droed Cader Idris yn Nolgellau, gwelir **Tafarn y Gader**. Ym Mhenmaenmawr y mae **Bron Eryri** ac yn Llanybydder y saif **Tanygraig**.

Ystyr arall ar 'ardd' yn y Gymraeg yw 'ucheldir' ac mae **Tafarn y Talardd**, Llanllwni am y clawdd â'r mynydd.

Fferm yn y bwlch oedd **Pen-y-Gwryd** wrth droed yr Wyddfa yn wreiddiol ond cafodd ei throi'n westy yn yr 1840au. Tyfodd i fod yn ganolfan i fynyddwyr Eryri ac yna yn fan cyfarfod i ddringwyr Alpaidd oedd am ymarfer eu crefft ar glogwyni Eryri. Sefydlwyd y *Climbers Club* yno a datblygwyd nifer o ddringfeydd newydd yn lleol dros y blynyddoedd.

Ond mae'i hanes yn ei chysylltu gyda mynydd arall hefyd. Yno'r oedd canolfan y

> 1. Glyndyfrdwy; 2. Llanfechell;
> 3. Llanfihangel Crucornau; 4. Penmaenmawr;
> 5. Llanybydder; 6. Llanllwni; 7. Dolgellau;
> 8. a 9. Penygwryd

tîm o ddringwyr fu'n paratoi ar gyfer yr ymgyrch lwyddiannus gyntaf i gyrraedd copa Everest yn 1953 – ac mae amgueddfa fechan o luniau ac offer y tu mewn i'r gwesty heddiw.

Mae ardaloedd mynyddig yn ardal y llynnoedd yn ogystal ac mae digon o dafarnau i'w gweld ar eu glannau. Gyda thwf y diwydiant ymwelwyr, deuai pysgotwyr a chychwyr i Gymru yn ogystal â cherddwyr a dringwyr creigiau. Yn Llanberis, un o'r canolfannau twristaidd

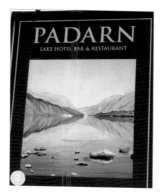

mwyaf yn y mynyddoedd, mae gwestai Padarn a Dolbadarn. Llyn Cwellyn, llyn dyfnaf Eryri, sydd wedi rhoi ei henw i dafarn Rhyd-ddu.

Pyllau mewn afonydd roddodd enwau ar dafarn **Pwll Gwyn**, Afon-wen ger yr Wyddgrug; **Tŷ Pwll Coch** yn Nhreganna, Caerdydd a'r **Teifi Netpwl** yn Llandudoch.

*1. Rhyd-ddu; 2. Llanberis; 3. Tafarn Afon Duad; 4. Afon-wen ger yr Wyddgrug; 5. Treganna, Caerdydd; 6. Llandudoch.*

Aeth tafarn Glanrafon, Bangor yn **Yr Hen Glan** erbyn hyn, ond mae apêl yr afonydd i'w weld yn gryf iawn ar arwyddion tafarnau ledled Cymru. Mae sawl haen i enw afon mewn rhai ardaloedd – er enghraifft, mae afon Morlais yn Llangennech. Ymhen amser, sefydlwyd Melin Morlais ar ei glan ac yn

*1. Bangor; 2. Cwm Twrch; 3. Glan Conwy; 4. Glantwymyn; 5. Llangennech; 6. Ffair-rhos*

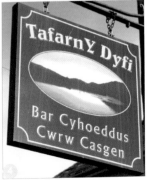

ddiweddarach roedd glofa o'r enw Morlais yn yr un ardal. Mae **Tafarn y Morlais** heddiw yn gwarchod y dreftadaeth hon i gyd.

Lawn cyn bwysiced ag afonydd yn yr hen ddyddiau oedd y ffynhonnau ac mae nifer o dafarnau wedi'u henwi ar eu holau – er mor rhyfedd ar un olwg yw gweld llefydd felly yn talu teyrnged i ddŵr! Mae'r **Ffynhonne Arms** yng Nghapel Newydd, sir Benfro, y **Ffynnon Wen** yng Nghaerdydd a thafarn y **Ffynnon** yng Nghwm Twrch. Gormodedd o ddŵr sy'n creu corsydd ac mae **Tafarn y Gors** i'w gweld ar y ffordd rhwng Llanfarian a Thregaron ac ym Mhentre-berw, Môn.

Mae siroedd a rhanbarthau Cymru yn ymddangos ar arwyddion tafarnau, megis y **Gwynedd**, Llanberis a'r **Meirion**, Blaenau Ffestiniog. Fel mewn unrhyw wlad, mae'n naturiol hefyd bod balchder gwladgarol yn cael ei amlygu drwy arddangos eiconau cenedlaethol Cymru uwch drysau tafarnau. Mae tafarnau'r **Delyn** yn niferus iawn – a does dim syndod gan fod cerddoriaeth y delyn a chanu i'r delyn yn elfen draddodiadol o adloniant gwerin erioed. Mae un o wardiau Llundain yn cael ei galw'n 'Welsh Harp' ar ôl rhyw Gymro alltud a agorodd dafarn yno. Gwelir tafarn y **Cymro** ym Mryn-mawr, Gwent a'r

*1. Capel Newydd, sir Benfro; 2. Cwm Twrch; 3. Pentre-berw, Môn; 4. Llanberis; 5. Blaenau Ffestiniog; 6. Bryn-mawr*

**Barcud Coch** – eicon cenedlaethol mwyaf diweddar Cymru efallai – ym Mhontaman. Mae'r Genhinen Bedr (ar dafarn y **Daffodil**, Penrhiwllan) a'r **Ddraig Goch** (a welir yn Rhydcymerau ac Arberth) yn symbolau llawer hŷn.

Mae yna **Red Dragon Pub** yn Sapa, ger Hong Kong, un yn Tokyo ac un arall yn Kirkby Lonsdale yn Cumbria sy'n dangos bod y ddraig goch yn gymeriad cryf ar sawl arfbais. Mae i'w gweld ar arfbais dinas Caerliwelydd hefyd – hen gof am yr Hen Ogledd, traddodiadau'r Brythoniaid ac Uthr Bendragon efallai. Ond dim ond un faner genedlaethol sy'n arddel draig goch – neu unrhyw fath o greadur o ran hynny. Hon yw'r cymeriad chwedlonol sy'n ysbrydoli'r Cymry yn Ninas Emrys wrth

1. Abergele; 2. Pontaman; 3. Penrhiwllan; 4. Rhydcymerau; 5. Arberth; 6. Trefaldwyn

iddi ymladd y ddraig wen yn y llyn tanddaearol o dan gastell Gwrtheyrn, a'i gyrru â'i chynffon rhwng ei choesau o Eryri. Draig goch a gariai'r brenin Cadwaladr o Wynedd ar flaen ei fyddin pan ymladdai'n erbyn y Saeson yn y seithfed ganrif. Dyma faner genedlaethol hynaf y byd yn ogystal.

# Tywysogion Cymru

Mae'r dafarn **Owain Glyndŵr**, sydd â'i llun gyferbyn, yng nghanol Caerdydd, prifddinas Cymru – sef y brifddinas ieuengaf yn Ewrop (derbyniodd yr anrhydedd yn 1955). Mae stori'r enw hefyd yn darlunio penodau o daith wleidyddol a chymdeithasol drwy hanes Cymru.

Pan ymwelodd Glyndŵr â Chaerdydd yn ystod ei wrthryfel cenedlaethol yn erbyn coron Lloegr (1400-1415), ymosodiad ydoedd. Llosgodd y dref Seisnig a'i chastell imperialaidd i'r llawr. Roedd hi'n symbol o lywodraeth ormesol y canolfannau caerog oedd yn rhoi breintiau masnachol ac economaidd i'r coloneiddiwyr a deddfau cosb hiliol yn erbyn y Cymry.

Erbyn heddiw, mae llywodraeth Cymru yng Nghaerdydd ac mae'r ddinas, yn naturiol, yn anrhydeddu arwr cenedlaethol y Cymry drwy enwi tafarn ar ei ôl. Trodd y 'rebel' i fod yn 'dad y genedl' gan fod ei freuddwyd am ryddid a hawliau wedi dod yn wir.

Un o symbolau Owain oedd y 'llew du' – oedd yn rhan o arfbais hen dalaith Gymreig Powys, ei ardal enedigol. Drwy ganolbarth a gorllewin Cymru, mae tafarnau'r **Llew Du** yn aml yn dathlu'r cysylltiad herodrol hwn gyda theulu Owain.

Un arall o symbolau'r tywysogion Cymreig oedd yr 'eryr'. Cariai Owain Gwynedd dri eryr ar ei darian ac yn aml y ffurf luosog **Tafarn yr Eryrod** a welir yng Ngwynedd.

Mae'r ddau Lywelyn wedi'u hanfarwoli ledled y wlad hefyd – o Aberffraw i Gilmeri, ac o Feddgelert i Ddowlais. Cofio am un o lysoedd Llywelyn Fawr yn Aberffraw mae **Tafarn y Goron** yn y pentref hwnnw ac am un arall ohonynt

*Gwesty'r Eryrod, Llanrwst*

Gwesty
Owain Glyndŵr
Hotel

1. Derwen-las; 2. Aberteifi; 3. Aberystwyth;
4. Y Llew Du, Llanbedr Pont Steffan;
5. Gwesty Owain Glyndŵr, Corwen;
6. Llanddona, Môn; 7. Corwen;
8. Aberffraw, Môn; 9. Llanrwst; 10. Trefriw

mae'r **Prince's Arms**, Trefriw.

Gwelir y **King Arthur Hotel** yn Nhre Rheinallt (*Reynoldston*), Penrhyn Gŵyr, a thafarn **Maelgwn** yng Nghyffordd Llandudno yn deyrnged i'r arwyr hynny.

Yng Nghydweli, mae'r **Gwenllian Court Hotel** yn coffáu gweithred ddewr Gwenllian yn arwain byddin o Gymry yn erbyn y Normaniaid gan golli'i bywyd wrth wneud hynny. Ifor ap Meurig yw'r arwr Cymreig y cofir amdano yn yr enwau **Ivor Arms**, Bargoed a **Chlwb Ifor Bach**, Caerdydd – ymosododd ef ar gastell Iarll Caerloyw yng Nghaerdydd gan gipio'r Iarll a'i wraig yn garcharorion.

Yn ôl un goel, o Ynys Fadog, rhwng Tremadog a Phorthmadog, yr hwyliodd y tywysog Madog yn y ddeuddegfed ganrif a darganfod America. Ond mae hanes arall yn dweud mai o Aber Cerrig Gwynion ger Llandrillo-yn-Rhos yr hwyliodd, ac mae tafarn y **Prince Madog** ym Mae Colwyn yn ein hatgoffa o'r traddodiad hwnnw.

# Darnau o Hanes

Ddwy fil a hanner o flynyddoedd yn ôl, roedd y llwythau Celtaidd yn byw mewn bryngaearau niferus ar hyd a lled Cymru. Mae'r iaith Gymraeg, rhai o'n hen chwedlau ac elfennau o'n traddodiad barddol yn rhan o etifeddiaeth Geltaidd y Cymry. Mae'r fryngaer Geltaidd uwch tref Caernarfon – **'Y Twtil'** – hefyd yn enw ar dafarn yn y dref.

Mae gwreiddiau'r Cymry yn hŷn na hynny hefyd – yn mynd yn ôl drwy gyfnod yr Oes Efydd i Oes y Cerrig. Mae rhai o'n chwedlau am dylwyth teg a chewri yn seiliedig ar gymeriadau'r Oes Efydd, medd ysgolheigion. Mae chwedl am drysor y cawr yn gysylltiedig â hen domen o'r Oes Efydd ym Mryn yr Ellyllon, ger yr Wyddgrug. Pan agorodd gweithwyr ffos yno yn 1833, canfuwyd mantell aur seremonïol tua 3,500 o flynyddoedd oed. Cedwir y cof yn fyw am y trysor yn enw tafarn y **Golden Cape** yn y dref.

Daeth y Rhufeiniaid i Gymru gan adael eu marc ar y wlad. Yn ddiweddarach, Lladineiddiwyd yr enw 'Cymru' yn 'Cambria' ac mae arwydd tafarn y **Cambrian** yn Solfach, sir Benfro yn dathlu'r cysylltiad Rhufeinig.

Fferm, neu gasgliad o dai yn perthyn i un teulu, oedd ystyr 'tref' yn wreiddiol. Daeth **Cantref** yn rhanbarth pwysig yn y drefn wleidyddol Gymreig ac mae un dafarn yn cofio'r enw yn y Fenni.

Cymru yw'r wlad fwyaf castellog y filltir sgwâr yn Ewrop. Mae'i bryngaearau Celtaidd, ei cheyrydd Rhufeinig, ei chestyll a godwyd gan y brehinoedd a'r tywysogion Cymreig a'i chestyll Normanaidd yn tystio i ganrifoedd o amddiffyn ac ymrafael. Gallwn edrych ar eu holion fel teyrnged i ddycnwch ein cyndadau i ddal gafael ar eu gwlad yn nannedd pob awydd i'n trechu. Does ryfedd felly bod tafarnau a gwestai'r **Castell** yn frith ym mhob cwr o Gymru. Saif **Tafarn y Porth** wrth ymyl un o byrth pwysicaf waliau tref Caernarfon tra bod tafarn **Y Twll yn y Wal** yn yr un dref yn dwyn i gof hanes gwrthryfel Madog ap Llywelyn yn 1294 pan ruthrodd y Cymry ar y dref a'r castell a dymchwel y waliau.

*1. Caernarfon; 2. Glynceiriog;*
*3. Llanbedr Pont Steffan;*
*4. Solfach; 5. a 6. Caernarfon;*
*7. Yr Wyddgrug; 8. Y Fenni;*
*9. Llanbedr Pont Steffan*

Llain y Castell

Cwrw Da
Bwyd Cartref
'y cwbwl wedi ei baratoi a'i goginio yma)
O 11 y bore - 11 yr hwyr
Bwyty MWYAF POBLOGEDD Llanbed
Llety
Ystafell Pool

THE CAMBRIAN INN

FREEHOUSE

TAFARN Y PORTH

A
WETHERO...

Y TWLL YN Y WAL

THE GOLD CAPE

Y Cantreff Inn

GWESTY'R CASTELL

Mae tafarn **Y Dderwen**, Glynceiriog yn cadw'r cof yn fyw am y goeden anferth a dyfai ym Mhontfadog gerllaw nes iddi gael ei dymchwel yn storm enbyd 2014. Yn ôl yr hanes, roedd tua 18 metr o'i hamgylch ac yn goeden sylweddol pan fu Owain Gwynedd yn cysgodi oddi tani yn 1165, cyn arwain ei fyddin Gymreig i frwydr coed Crogen lle gyrrodd fyddin anferth y brenin Harri o Loegr ar ffo.

Ar hysbysfwrdd y **Tanat Valley** yn Llangynog, gwelir darlun sy'n portreadu chwedl Melangell a'i 'hŵyn' – mae Pennant Melangell a chapel bychan y santes honno ychydig filltiroedd ymhellach i fyny'r cwm. Mewn rhan arall o Bowys, yr hanes am Wylliaid Cochion Mawddwy a gofnodir yn enw'r **Brigands Inn** ym Mallwyd. Roedd y

Cymry yn enwog am eu dawn i drin y bwa hir yn yr Oesoedd Canol ac mae un o'r saethwyr i'w weld ar arwydd tafarn **Man of Gwent** yng Nghasnewydd.

Yn sgil teithio ehangach, bu'n rhaid gwella ansawdd y ffyrdd a thalwyd am hynny, wrth gwrs, drwy godi tollbyrth. Roedd rhai o'r tollbyrth yn dafarnau, megis **Tafarn y Grisiau** yn y Felinheli, hanner ffordd rhwng Caernarfon a Bangor. Ger y **County Gate Hotel** yn Llanfihangel-ar-arth, ceid tollborth a giât ar y ffin rhwng siroedd Caerfyrddin ac Aberteifi; roedd un arall ger y **Clwyd Gate** uwchben Rhuthun

*1. Llangynog; 2. Mallwyd; 3. Casnewydd; 4. Rhuthun; 5. Porth-y-rhyd; 6. Trelech; 7. Merthyr Tudful;*

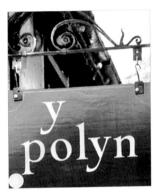

a chofir am un arall wedyn yn enw tafarn **Y Polyn**, rhwng Porth-y-rhyd a Nantgaredig. Aeth y tollau uchel ac aml yn faich annerbyniol ar gefn gwlad Cymru a rhwng 1839-43, cododd y werin a dryllio giatiau a llosgi tollbyrth yn yr hyn a elwir yn derfysgoedd Beca. Gwisgai'r ymosodwyr ddillad merched a byddai 'Beca' ar ei cheffyl gwyn yn eu harwain ar antur y nos. Gwelir yr olygfa ar arwydd **Tafarn Beca**, Trelech.

Terfysg diwydiannol fu ym Merthyr Tudful yn 1831. Cododd y gweithwyr yn erbyn meistri'r gweithfeydd haearn a chwifio'r faner goch am y tro cyntaf yn hanes y byd. Galwyd ar filwyr i wasgu'r gweithwyr a chafodd Dic Penderyn ei grogi am ei ran yn y terfysg. Roedd yn ddi-euog yn ôl tystiolaeth ddiweddarach ac mae arwr y dosbarth gweithiol yn cael ei anrhydeddu mewn enw tafarn yno heddiw.

# Gwlad Beirdd ac Enwogion

Mae **Tafarn yr Hen Dderwen**, Caerfyrddin (gweler tud. 1) wedi'i henwi ar ôl hen rigwm mewn hen lawysgrif Gymraeg sy'n cofnodi'r goel y byddai'r dref honno yn suddo dan y don pe byddai hen dderwen oedd yn tyfu yn rhan uchaf y dref yn cael ei thorri. Cwympodd yr hen bren hwnnw ers tro, ond mae'r dref â'i thraed yn weddol sych – ond mae'n ddrych o'r cysylltiad agos sydd rhwng beirdd a barddoniaeth ac enwau tafarnau.

Fel arfer, mae enwau tafarnau sy'n enwi'r 'Goron' yn cyfeirio at ryw deulu brenhinol neu'i gilydd. Ond nid felly yn hanes tafarn y **Crown Bard** yn y Rhyl. Agorwyd hon yn fuan ar ôl ymweliad yr Eisteddfod Genedlaethol â'r dref yn 1953 ac mae'r llun o Dilys Cadwaladr yn dathlu ei champ yn cipio'r Goron yn yr ŵyl honno – y ferch gyntaf erioed i wneud hynny.

Gan fod traddodiad barddol maith y Cymry yn ymestyn yn ôl i oes y derwyddon Celtaidd, mae'n amlwg fod yn rhaid dathlu hynny ar arwyddion tafarnau.

Bardd o'r ddeuddegfed ganrif oedd **Gwalchmai**, ac mae'i lun ar arwydd tafarn mewn pentref o'r un enw ym Môn. Ym Mhontypridd, mae llun cyfansoddwyr 'Hen Wlad fy Nhadau' – Iago ap Ieuan, y mab (alaw) a Ieuan ap Iago, y tad (geiriau) – ar arwydd un o dafarnau'r dref. Mae **Ieuan ap Iago** yn enw ar dafarn newydd yn Aberdâr yn ogystal. Hen gân werin boblogaidd a gyfansoddwyd gan John Owen yw'r **Mochyn Du**, ac mae'n enw anrhydeddus ar dafarn yng Nghaerdydd erbyn hyn.

Gan fod 'eisteddfodau' yn aml yn cael eu cynnal mewn tafarnau, mae nifer o gylchoedd barddol yn cael eu cysylltu â rhai ohonynt. Os awn i Geredigion, gallwn ganfod Cornel y Beirdd yn **Nhafarn Ffair-rhos**, cofio am gysylltiad Teulu'r Cilie a Dic Jones gyda thafarn y **Pentre Arms**, Llangrannog a gweld criw hwyliog yn arfer crefft cerdd dafod o hyd yng **Ngwesty'r Emlyn**, Tan-y-groes.

Ganwyd llawer o enwogion Cymru mewn hen dai tafarnau – Goronwy Owen

*1. Y Rhyl; 2. Llanferres; 3. Gwalchmai;*
*4. Pontypridd; 5. Aberdâr; 6. Nefyn;*
*7. Llangrannog; 8. Tan-y-groes;*
*9. Caerdydd*

CROWN BARD

DRUID INN

circa 1150

GWALCHMAI

YR IEUAN AP IAGO

Mab y Bwthyn
Son of the Cottage

Y BRYNCYNAN INN

PENTRE ARMS

EMLYN RESTAURANT BAR
BRAINS
01239-81

yn
Y

Y MOCHYN DU

**Dafarn Goch** ym Mryn-teg; Talhaearn yn yr **Harp** yn Llanfair a chafodd Vavasor Powell, y diwygiwr crefyddol, ei fagu mewn tafarn ym Maesyfed. Cafodd John Parry, y Telynor Dall ei fagu yn nhafarn **Bryn Cynan**, ger Nefyn ac erbyn heddiw llun o'r cyn-Archdderwydd lleol, Cynan, a'i gerdd 'Mab y Bwthyn' sydd ar yr arwydd. Mae tafarn **Y Pentan** yn yr Wyddgrug yn cadw'r cof yn fyw am Daniel Owen, y nofelydd athrylithgar o'r dref honno

Ymhlith enwogion llên a fu'n cadw tafarnau, mae Jac Glan Gors, a fu'n cadw'r **King's Head** yn Ludgate Hill yn Llundain am gyfnod ac Ehedydd Iâl, tafarnwr **Tafarn-y-gath**, Llandegla. Roedd gan yr Ehedydd gwsmer selog oedd yn feddwyn di-drefn, a phan fu hwnnw farw daeth ei weddw at y tafarnwr gan ofyn am ychydig o linellau coffa i'w gŵr. Yn fyrfyfyr, adroddodd y pennill hwn wrthi:

Bu yma gwsmer hynod
Sef Wil, dy annwyl briod,
Fe aeth i'r nef, o gam i gam,
Heb dalu am ei ddiod.

Cysylltir enw Twm o'r Nant a'i anterliwtiau â nifer o dafarnau, a bu'i ferched yn cadw tafarn iddo yn Llandybïe pan oedd ar un o'i haldiau yn y parthau hynny.

1. Yr Wyddgrug; 2. Llandegla; 3. Ponterwyd; 4. Y Gelli Gandryll; 5. Llangrannog; 6. Bae Caerdydd

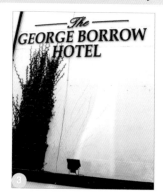

Roedd llawer o gylchoedd llenyddol yn arfer cyfarfod mewn tafarnau, ac y mae Bob Owen, Croesor yn tynnu sylw at bwysigrwydd rhai ohonynt yn ei erthygl yn *Y Ford Gron*:

Yn nhafarnau Llundain y cynhaliwyd cymdeithasau llewyrchus yr Hen Frythoniaid, y Cymrodorion, y Gwyneddigion, y Cymreigyddion a'r Canorion ...

Anodd peidio â rhyfeddu at y miri a fyddai yn y Crindy, Llundain, pan gyrchai'r Gwyneddigion yno i siarad ac i ddarlithio ar destunau Cymreig ... Yn ôl fy nghyfaill, Deiniol Williams, o Ysgol Sir Aberdâr, Cymry a ddaliai o 40 i 50 y cant o dafarnau Lerpwl, ac yr

oedd yn alwedigaeth wrth fodd y Cymro.

Bu Dewi Emrys mewn mwy nag un dafarn yn ei ddydd, yn ôl y sôn, ond anfarwolodd **Dafarn yr Eryr** yn Llanfihangel-ar-Arth gydag un o'i gampau. Roedd Dewi yn aros yno am ysbeidiau maith yn ystod y dau ddegau, gyda Dan Jones, y tafarnwr, yn amyneddgar iawn wrth ddisgwyl iddo glirio'r 'slaten'. Yn 1923, gyrrodd Dewi awdl i Eisteddfod Fawr Corwen ar destun 'Y Nos', a rhoddod enw Dan Jones oddi tani. Cadeiriwyd y tafarnwr yn yr **Eryr**, ac mae'n siŵr bod y 'slaten' wedi'i glanhau am ryw hyd yn dilyn yr eisteddfod honno.

Mae llenyddiaeth Saesneg yn cael ei

dathlu ar rai o arwyddion tafarnau Cymru yn ogystal. Mae **George Borrow** wedi ailenwi tafarn ym Mhonterwyd wedi iddo ymweld â hi ar ei daith o gwmpas gwyllt Walia. Dyddiadurwr a chasglwr llên gwerin oedd y rheithor **Kilvert** – mae tafarn er cof amdano yn nhref lenyddol y Gelli Gandryll. Ceir degau o blaciau glas yn cysylltu Dylan Thomas â gwahanol fariau yfed ar draws de Cymru ac mae **Eli Jenkins**, un o'i greadigaethau rhyfeddol yn Dan yr Wenallt yn enw tafarn ym Mae Caerdydd.

Mae'n arferiad rhoi enwau enwogion ar dafarnau bellach ac mae clwstwr ohonynt yng Nghaerdydd i gofio am y cenedlaetholwr Cayo Evans, y gwleidydd Aneurin Bevan a'r perfformiwr Ivor Davies. Yng Nghastell-nedd mae'r David Protheroe (hen swyddfa heddlu'r dref) yn cadw'n fyw enw plismon cyntaf y dref honno.

# Arwyddion y Goron a'r Plasau

Mae bod ar delerau da â'r awdurdodau wedi bod yn bolisi iach i dafarnwyr ar hyd y canrifoedd, ac yn y dyddiau a fu, plesio'r tirfeddianwyr oedd yn bwysig. Mewn ardaloedd oedd yn eiddo i goron Lloegr, megis rhannau helaeth o Gymru wedi cwymp y tywysogion Cymreig, talu gwrogaeth i frenin Lloegr a wneid. Mewn ardaloedd eraill, yr arglwydd lleol neu un o'r tirfeddianwyr llai fyddai gwrthrych eu teyrngarwch.

Mae cynifer o dafarnau a elwir yn **Crown**, **King's Arms** neu **Queen's Head** yn tystio i hyn, ac yn yr hen ddyddiau, pan oedd yr olyniaeth i goron Lloegr yn ansicr iawn ar brydiau, roedd rhaid i'r tafarnwyr newid y llun ar yr arwydd bob tro y deuai brenin newydd i rym. Mae'n siŵr bod cyfnod Rhyfel y Rhosynnau wedi bod yn hunllef i'r tafarnwyr, ond yn nefoedd i beintwyr arwyddion! Mae pen y Monwysyn Harri Tudur i'w weld ar arwydd yn Amlwch. Yng nghyfnod Harri'r VIII a'i Ddiwygiad Protestannaidd, ailenwyd sawl tafarn o'r enw **Cross Keys** yn **King's Head** er mwyn dangos teyrngarwch i bolisïau'r goron.

Yn ogystal â wynebau brenhinol,

defnyddid sumbolau ar arfbeisiau brenhinoedd a mân arglwyddi ar arwyddion tafarnau. Tyfodd arfbeisiau'n bwysig iawn yn ystod yr Oesoedd Canol, yn arbennig ymysg y Croesgadwyr. Roedd y rheiny'n cynnwys cynrychiolaeth o bron pob gwlad a phob iaith yn Ewrop ac felly roedd problemau ieithyddol go sylweddol. Dyna pryd y daeth heraldiaeth ac arddangos lluniau ar faner a tharian yn bwysig.

Ar arfbais Iorwerth IV, gwelid y Llew Gwyn; Alarch a ddefnyddiai Harri IV a Hydd Gwyn a welid ar un Rhisiart II. Enwyd sawl tafarn yng Nghymru ar ôl yr arfbeisiau hyn, megis yr **Hydd Gwyn** yng Nghenarth.

Rhosyn Gwyn oedd arwyddlun teulu Efrog a Rhosyn Coch berthynai i'r Lancastriaid, a phan ddaeth Harri Tudur i'r orsedd a phriodi Elizabeth o deulu Efrog, mabwysiadodd gyfuniad o'r ddau rosyn dan un goron, a dyna bla o **Rose and Crown** drwy'i deyrnas ar unwaith. Daeth Iago I ag Uncorn yr Alban gydag o pan eisteddodd ar orsedd Lloegr, a Hanoferiaid yr Almaen a wnaeth y **Ceffyl Gwyn** Sacsonaidd yn boblogaidd. Ar darian Iarll Rhydychen, un o brif gefnogwyr Harri Tudur, yr oedd y **Baedd Glas**.

Mewn heraldiaeth, cysylltir derwen bob amser â chryfder, hirhoedledd a chysondeb ac mae'r nifer helaeth o dafarnau **Royal Oak** yn cofnodi hanes Siarl I yn llwyddo i ddianc rhag byddin o Seneddwyr drwy guddio mewn derwen yn

Boscobel wedi Brwydr Caerwrangon.

Pan hawliodd Iorwerth III goron Ffrainc iddo'i hun, rhoddodd arwyddlun Ffrengig, sef y *fleur de lys* ar arfbais ei fab, y Tywysog Du. Datblygodd hwnnw i fod yn dair pluen estrys, a byth er hynny dyna arfbais etifedd coron Lloegr, a elwir yn 'Dywysog Cymru'. Ailenwyd hen dafarn yn Llwydlo yn **Feathers** pan fu farw Harri, 'Tywysog Cymru', yn 1612 a dilynwyd y ffasiwn hwn gan nifer o dafarnau eraill. Erbyn hyn mae rhai yng Nghymru wedi cymreigio'r enw, megis **Tafarn y Plu** yn Llanystumdwy.

Gwelir **Tafarn y Milgi** yn Llanymddyfri, a gall yr enw hwnnw fod wedi tarddu'n wreiddiol o fathodyn Harri VII a oedd yn dangos dau filgi'n cynnal yr

1. Llanystumdwy; 2. Tregaron; 3. Gwytherin; 4. Llansannan; 5. a 6. Dinbych; 7. Tregaron

arfbais.

Mae dylanwad arfbeisiau ieirll a dugiaid Normanaidd ar lawer o enwau tafarnau Cymru hefyd, oherwydd y grym oedd ganddynt yn ein gwlad ers talwm, megis **Talbot** ieirll Amwythig; tarw barwniaid Y Fenni; arth dugiaid Caerwrangon a draig werdd ieirll Penfro. Un o'r arwyddluniau mwyaf poblogaidd yw'r llew coch – fe'i ceid yn wreiddiol ar arfbais John o'Gaunt, Dug Lancaster. Mae'r enw'n un cyffredin iawn ar dafarnau yng Nghymru, ond mae un ym Maesyfed, o leiaf, sydd â'i darddiad yn wahanol. Tyddyn yw'r **Red Lion** ym mlaen Crychell

erbyn hyn, ond mae rhyd mewn afon gerllaw a dywedir mai llygriad o enw'r rhyd, sef **Rhyd y Lleian**, roes yr enw ar yr hen dafarn. Wrth basio, mae'n werth nodi'r cofnod hwn mewn llyfr ymwelwyr yn y **Red Lion** yn Llanfihangel Nant Melan, Maesyfed: *'Called for a pint, stayed for a week!'*

Roedd gan yr uchelwyr nifer o dai – rhai trefol a rhai gwledig – a phan nad oeddent yn defnyddio'r tai yn y trefi, roedd llawer ohonynt yn cael eu defnyddio fel gwestai a thafarndai ac yn naturiol, crogid arfbais y teulu y tu allan iddynt. Weithiau byddai gan y bonedd dafarndai fel rhan o eiddo'r stad. Dyna pam fod cynifer o dafarndai wedi'u henwi ar ôl teuluoedd a thai uchelwrol megis **Gwesty'r Emlyn**,

Castellnewydd Emlyn; **Gogerddan**, Ceredigion; **Gwesty'r Foelas**, Pentrefoelas; **Glyn y Weddw Arms**, Llanbedrog a **Dolau Cothi Arms**, Pumsaint. Yn y tafarnau hyn yn aml iawn y gwneid busnes y stadau, megis arwerthiannau a thalu rhent.

Ar dro, enwyd tafarnau ar ôl yr arwyddlun a welid yn arfbais y teulu bonheddig lleol, megis y **Nag's Head**, Abercuch – pen ceffyl gwyn oedd hen arfbais plasty Clun. Ar arwyddfwrdd y dafarn honno hefyd, gwelir adnod o'r ysgrythur sy'n gofyn i bob ymwelydd fod mor gall â sarff ac mor ddiniwed â cholomen. Tri phen blaidd a llaw goch yng nghongl uchaf y darian oedd arfbais Miltwniaid Castell y Waun, a dyna pam fod cynifer o dafarndai a gwestai o'r enw yr **Hand** yn y rhan honno o Gymru. Mae'r **Three Cocks** yn enw ar dafarn yn Aberllyfni, Maesyfed, ac arwydd Einion Sais o Frycheiniog oedd hwnnw'n wreiddiol. Yn yr un modd, roedd dau lwynog yn groes i'w gilydd yn perthyn i arfbais Williams-Wynn, ond yn wreiddiol i un o'i hynafiaid, sef Calrawd Galed a cheir sawl **Cross Foxes** o fewn tiriogaeth y stad honno.

Aeth arfbeisiau rhai o'r hen deuluoedd yn arfbeisiau sirol yn eu tro – gwelir y gigfran ar hen arfbais Sir y Fflint, a'r un un yw hi â'r un welir ar arwyddbren y **Raven Inn**, Llanarmon-yn-Iâl, sef hen arwyddlun Edwin, brenin Tegeingl a phennaeth deuddegfed llwyth Gwynedd. Mae'r afr i'w gweld ar arfbais sir Gaernarfon, ac ym Meddgelert, Llanwnda a Phenygroes a mannau eraill, mae tafarndai'n dwyn enw'r anifail hwnnw.

Ceir sawl tafarn o'r enw **Gwindy**, er mai llygriad o 'Gwyndy' yw rhai ohonynt. Roedd un ger Llandrygan, Môn; hefyd ger eglwys Llangynfelyn, Ceredigion, a cheir '**Pontygwindy**' yng Nghaerffili. Roedd hen dafarn o'r enw hwn yn Llanfairfechan yn ystod y bedwaredd ganrif ar bymtheg, ond

*1. Y Bala; 2. Penygroes; 3. Pentrefoelas; 4. Ceredigion; 5. Chwilog; 6. Blaenau Ffestiniog; 7. Castellnewydd Emlyn; 8. Llandysul; 9. Peniarth ger Tywyn; 10. Glan Twymyn; 11. Llangernyw*

mae drysau'r **Gwindy** yn Abergele ar agor o hyd. Mae J. Glyn Davies yn cysylltu'r hen uchelwyr â'r enw hwn. Dywed yn *Trafodion Cymdeithas Hanes Sir Gaernarfon* (1948) y byddai plasdai fel Ystumllyn, Cricieth yn arfer mewnforio cargo o win, a byddai'r llwyth y byddai ei angen er mwyn gwneud i'r llong dalu amdani'i hun yn ormod at anghenion y plasdy. Buasai'r gwin dros ben yn suro yn ei gostreli lledr, ac felly fe'i gwerthid mewn 'gwindy' a agorid mewn tŷ o eiddo'r stad. Dyna enw arall felly y dylanwadwyd arno gan deuluoedd bonedd ein gwlad.

# Adar ac Anifeiliaid

Er bod llawer o enwau tafarnau sy'n cyfeirio at adar neu anifeiliaid yn perthyn i arfbeisiau uchelwrol yn wreiddiol, mae nifer helaeth yn dwyn yr enwau hynny oherwydd rhyw gysylltiad â chwaraeon neu hela. Yn yr hen ddyddiau, perthyn i fyd y dafarn roedd chwaraeon fel ymladd ceiliogod neu ymladd daeargwn yn erbyn tarw neu arth wrth dennyn. Dyna darddiad enw sawl tafarn a elwir yn **Cock**, **Bull** neu **Bear** yn yr hen drefi marchnad.

Gall enwau fel y **Cocks Head**, **The Two Cocks** ac ati fod yn gamarweiniol yn ôl y dyn meirch o ardal Tregaron, Raymond Osborne Jones. Cysylltir elfen y ceiliogod gyda thalyrnau ceiliogod a hefyd arfbeisiau rhai o'r teuluoedd bonedd. Ond yn aml ceir tafarnau yn arddangos yr enwau hyn wrth odrau gelltydd. Arferid cadw ceffylau mewn tafarndai i helpu teithwyr mewn cert a cheffylau – 'ceffyl blaen' ydi enw'r Cymry ar hwnnw. Codai'r dafarn dâl am y cymorth, wrth gwrs. Ar riw fechan, un cêl fyddai'i angen; dau ar riw fach serth a chynifer â thri cheffyl blaen ar

riw hirfaith. '*Cock horse*' yw'r term Saesneg ac mae enwau rhai tafarnau'n cadw'r cof yn fyw am y math arbennig hwn o gobyn.

Yn Llandaf, roedd tafarn o'r enw'r **Cock** ar un adeg, ond roedd nifer ei chwsmeriaid yn lleihau a phenderfynodd y tafarnwr bod rhaid newid delwedd y lle. Rhoddodd lun Esgob Llandaf ar yr arwyddfwrdd a newidiodd enw'r dafarn yn **Bishop of Llandaf**. Manteisiodd tafarnwr gerllaw ar y cyfle i hawlio'r hen enw, a newidiodd enw ei dafarn gan ei galw yn **Cock**. Cyn pen dim, roedd masnach fywiog yn y Cock newydd, a sylweddolodd tafarnwr y **Bishop of Llandaf** ei fod wedi gwneud camgymeriad. I geisio adfer ei fusnes, peintiodd y geiriau hyn o dan lun yr esgob ar ei arwyddfwrdd: **This is the Old Cock**.

Roedd hen dalwrn ymladd ceiliogod ger tafarn yr **Hawk and Buckle**, Dinbych, ac mae i'w weld yn Amgueddfa Werin Cymru, Sain Ffagan, erbyn hyn. Mae enw'r dafarn honno hefyd yn ein hatgoffa o'r hen arfer o hela gyda hebog. Yr un tarddiad sydd i enw tafarnau ym Mhontarddulais, Trimsaran a Phenfro a elwir yn **Bird in**

1. *Carrog*; 2. *Dinbych*; 3. *Y Bala*

**YR ARAD - THE PLOUGH**

Yr Hen Ben Tarw

**Hand**, ond mathau eraill o hela a roes eu henwau i'r **Hare and Hounds**, Cei Connah a **Thafarn Grugiar**, Carrog.

Mae'n siŵr mai un o'r helfeydd enwocaf erioed yn hanes Cymru oedd helfa Pwyll Pendefig Dyfed a aeth o Arberth i Lyn Cuch, yn ôl cainc gyntaf y Mabinogi. Mae **Tafarn y Cadno a'r Cŵn** yng Nghwm Cuch hyd heddiw yn ein hatgoffa o'r traddodiad o hela sy'n gysylltiedig â'r ardal.

Mewn ardaloedd amaethyddol, roedd hi'n naturiol bod tafarnau'n ceisio denu cwsmeriaid o'r ffermydd, yn arbennig ar ddyddiau marchnad. Gwelir enwau anifeiliaid amaethyddol, ac elfennau o waith y fferm, ar lawer o dafarnau, megis y **Ceffyl Du** enwog yng Nghaerfyrddin a sawl **Tafarn yr Aradr**. Ceir lluniau o anifeiliaid uwch drysau tafarnau ar hen ffyrdd y porthmyn yn ogystal – mae'r **Ychen Du** yn Abergwili yn enghraifft o hynny.

Enwyd tafarnau ar ôl pysgod mewn ardaloedd sy'n enwog am eu pysgotwyr – lle ond yn Nefyn y buasai rhywun yn disgwyl gweld tafarn o'r enw **The Three Herrings**? Fesul tri – sef 'mwrw' – y byddid yn cyfri penwaig Nefyn, ac âi troliau o gwmpas y wlad yn eu gwerthu, gyda'r masnachwyr yn gweiddi:

Penwaig Nefyn! Penwaig Nefyn!
Bolia fel tafarnwrs!
Cefna fel ffarmwrs!
Penwaig! Penwaig! Newydd ddŵad o'r môr.

Aderyn chwedlonol o fytholeg gwlad Groeg roddodd ei enw i **Dafarn y Phoenix**, Gors-las ond aderyn o fytholeg a heraldiaeth Cymru yw'r gigfran a welir, uwch drws tafarn y **Raven** yn y Trallwng.

1. Llangyndeyrn; 2. a 4. Llangefni;
3. Llanandras; 5. Ffostrasol; 6. Abergwili;
7. Llannerch-y-medd; 8. Caerfyrddin;
9. Cwm-ann; 10. Y Trallwng;
11. Gors-las; 12. Bow Street; 13. Ceri

# Tafarnau'r Porthmyn

Cyn i deithio gwlad ddod yn bleser oriau hamdden i'r miloedd fel y mae heddiw, teithio o raid a wneid ers talwm. Ar wahân i bererindota, galwedigaeth oedd yn gorfodi gwŷr i fod 'ar y ffordd' – yn seiri a theilwriaid crwydrol, yn borthmyn, tinceriaid neu weithwyr eraill oedd yn prynu a gwerthu nwyddau.

Nid galwedigaeth oedd porthmona yng Nghymru o ddiwedd yr Oesoedd Canol ymlaen, ond diwydiant. Roedd yn perthyn i Gymru gyfan – yn y de, canolbarth a'r gogledd. Tueddai'r porthmyn i gadw at y tir uchel wrth symud eu gyrroedd a'u diadelloedd ar draws gwlad. Medrent ddefnyddio tiroedd comin i bori arnynt drwy wneud hynny, a hefyd osgoi talu tollau'r priffyrdd. O'r herwydd, mae llawer o hen dafarnau i'w gweld mewn mannau a ystyriwn ni'n anhygyrch iawn erbyn heddiw. Ar unigeddau Mynydd Epynt, er enghraifft, ceir tair hen dafarn o fewn wyth milltir i'w gilydd, sef **Tafarn-y-mynydd**, rhyw dair milltir o Landdulas, **Ty'n-y-mynydd** (neu **Drovers' Arms**) uwch dyffryn Honddu a **Thafarn Cwm Owen**, ger Nant Offeiriad. Mae dwy o'r tafarnau hyn dros 1,400 troedfedd uwchlaw lefel y

1. *Hen lun o Ty'n-y-mynydd, Epynt;*
2. *Ty'n-y-mynydd heddiw;*
3. *Tafarn-y-gath, Llandegla*

môr ac mae'r dair wedi hen gau erbyn hyn.

Roedd tafarn ger Ffynnon Eidda ar y Migneint ers talwm, ar ffordd porthmyn Eifionydd ac Ardudwy i Ysbyty Ifan a Phenmachno. Yno, câi'r anifeiliaid ddŵr o'r ffynnon a'r dynion gyfle i dorri'u syched hwythau yn y dafarn.

Uwch Llanllechid, mae ffermdy o'r enw **Red Lion**, ac mae hwnnw, ynghyd â murddun ar Fwlch-y-ddeufaen uwch Dyffryn Conwy o'r enw **White Hart**, a'r ugain tafarn a arferai fod yn Nhregaron, erbyn hyn yn gofebau i'r newid a ddigwyddodd yn y dull o symud a gwerthu anifeiliaid.

Arferai Llandegla fod yn bentref pwysig i borthmyn gogledd Cymru ar eu ffordd i farchnadoedd Wrecsam, a chadwyd enwau wyth o'r tafarnau a'r tyddynnod oedd yno ar ffurf rhigwm:

Wrecsam Fechan a Wrecsam Fawr,
Pentrefelin ac Adwy'r Clawdd,
Casgen Ditw a Thafarn y Gath,
Llety Llygoden a Brandy Bach.

Degla Cottage yw enw Brandy Bach (neu Ebrandy Bach), erbyn heddiw, a dau dŷ drws nesaf i'w gilydd yw Llety Llygoden a Thafarn y Gath, sef cartref Ehedydd Iâl ers talwm. Yn nes at Wrecsam, saif Casgen Ditw – hen enw anwes ar gath oedd 'titw'.

Roedd hi bob amser yn achlysur o bwys pan fyddai'r porthmyn yn cyrraedd unrhyw ardal, a cheid cryn dipyn o ddathlu. Trefnid gornestau paffio ac ymaflyd codwm rhwng y llanciau lleol a'r porthmyn, a byddai ffidleriaid crwydrol yn ychwanegu at yr hwyl. Arferai Orig Williams ddweud bod gornestau ymaflyd codwm rhwng criw'r porthmona a gweision ffermydd lleol pan fyddai gyr yn cyrraedd Ysbyty Ifan. Roedd saith tafarn ym mhentre'r Ro-wen yn nyddiau'r porthmyn. Yn ôl un o'r trigolion hynaf heddiw, roedd wedi clywed bod John Parry (fy hen daid gyda llaw!) yn slensio hogia'r porthmyn ac yn gwneud cartwîls o dafarn Tŷ Gwyn i dafarn y Blw Bel ac yn ennill hanner peint o gwrw am gyflawni'r gamp.

Byddai'r un miri'n eu canlyn pan groesent Glawdd Offa, a dywedid am rai o dafarnwyr Lloegr mai'r pethau cyntaf a wnaent pan glywent fod y porthmyn Cymreig ar eu ffordd oedd codi'r matiau a thynnu'r llenni i lawr!

Er hynny, câi'r porthmyn groeso mewn ambell lety dros y ffin – ar wal hen dafarn y **Drovers' House** yn Stockbridge yn Hampshire mae'r geiriau hyn i'w gweld o hyd: 'Gwair Tymherus – Porfa Flasus – Cwrw Da – a Gwâl Gysurus'. Yno y galwai'r porthmyn o Gymru ar eu ffordd i Gaint, a Chymro o'r enw Jenkins oedd y tafarnwr yno rhwng 1815-20. Tafarnau eraill ag enwau Cymreig ar ffyrdd y porthmyn yn Lloegr oedd y **Bangor Inn**, ger Preston Candover a'r **Welsh Pony** yn Gloucester Green, Rhydychen.

Ar un cyfnod yn y ddeunawfed ganrif roedd chwe phorthmon ym mhob un o bentrefi Ysbyty Ifan, Dolwyddelan a Phenmachno. Byddai gan y rheiny gynifer â chwech i ddeg o yrwyr yr un i gerdded y gyrroedd i dde-ddwyrain Lloegr. Mae hen lwybrau'r porthmyn o Ardudwy, Llŷn, Eifionydd, Arfon a Môn i gyd yn croesi'r dyffryn. Roedd tafarn a gefail gof yn gyfuniad cyffredin ar ffyrdd y porthmyn, megis **Y Bedol** yn Nhal-y-bont, Dyffryn Conwy, a thafarn **Maesllwch** yn Llanbedr Castell-paen. Ceid cwt at bedoli byrrybudd ger hen dafarn **Llety Lloegr** yn Nyffryn Ardudwy hefyd – honno oedd y dafarn olaf i borthmyn ar eu taith dros

*1. a 2. Rhigwm Cymraeg ar y Drovers' House;*
*3. Tal-y-bont, Dyffryn Conwy;*
*4. a 5. a 6. Llanymddyfri;*
*7. Betws, Dyffryn Aman*

Fwlch y Rhiwgyr i'r Bont-ddu ar eu ffordd i Loegr. Mae tafarndai eraill yn gysylltiedig â banciau'r porthmyn, megis y **King's Head** yn Llanymddyfri, lle cychwynnwyd Banc yr Eidion Du yn 1799.

Gan mai'r llwybrau uchel drwy diroedd comin oedd hoff ffyrdd y porthmyn, doedd fawr o goed yn tyfu o'u cwmpas. Byddai coeden unigol yn medru bod yn arwydd i anelu ato a chaent eu plannu wrth ffermdai a thafarndai croesawus i borthmyn yn ogystal. Mae 'Coeden y Porthmyn' i'w gweld ar y moelydd uwch Trawsfynydd a dyna darddiad enw **Tafarn y Scotch Pine** ar Fynydd Betws uwch Dyffryn Aman.

Roedd rhydau i groesi afonydd, ac yn ddiweddarach, lle i gychod groesi'r lli, yn bwysig i'r hen borthmyn ac y mae llawer o'u hen dafarnau i'w canfod yn y mannau hynny. Gwyddom oddi wrth hen lawysgrifau bod fferi'n croesi afon Conwy yn Nhal-y-cafn mor bell yn ôl â theyrnasiad Iorwerth III a bod tafarn yno yn ogystal. Yn ddiweddarach, gosodid tenantiaeth y dafarn a'r hawl i osod fferi ar yr afon o dan yr un rhent.

Ceid yr un drefn yn nhafarn y **Gloch Las** yng Nghonwy, lle byddai'r teithwyr yn canu cloch i alw cwch. Roedd sawl fferi'n croesi'r afon Menai yn y dyddiau cyn codi Pont y Borth, ac er bod amryw o'r hen dafarnau wedi diflannu bellach, saif yr **Anglesey Arms** yng Nghaernarfon gan nodi'r fan lle glaniai fferi Tan-y-foel o'r ochr draw i'r afon.

Defnyddiai'r porthmyn y rhyd yn **Rhyd-sbens** i deithio o Faesyfed i Loegr ac mae'r hen dafarn a welir yno heddiw ar safle tafarn sy'n dyddio'n ôl i 1350. Mae'r dafarn hon yn union ar ffin y ddwy wlad, ac roedd hi'n ddyrys yno yn y dyddiau pan oedd yr ystafell sydd ym Maesyfed yn sych ar y Suliau, a'r ystafell sydd yn Lloegr yn wlyb!

Y **Boat Inn** yw enw swyddogol tafarn ar afon Gwy ger Llandeilo, Maesyfed, ond 'Caban Twm Bach' oedd yr enw ar lafar gwlad. Cymeriad a edrychai ar ôl y dafarn a'r fferi, sef bocs pren ar gadwyn, oedd Twm Bach, ac arferai weddïo am law er mwyn cael digon o li i atal y porthmyn rhag rhydio'r afon eu hunain. Mae diwedd trist i'r stori wrth iddo gario llwyth o wartheg dros yr afon a honno'n lli. Er gwaethaf ymdrechion dau borthmon oedd gyda hwy, rhuthrodd y gwartheg i un ochr i'r cwch, wedi'u dychryn gan ruthr y lli. Dymchwelodd y fferi, ond llwyddodd y porthmyn i arbed eu hunain drwy afael yng nghynffonnau'r gwartheg. Boddwyd Twm Bach a'i fab, fodd bynnag, wrth iddynt geisio arbed y fferi.

Arferai'r hen borthmyn groesi'r Fenai, dringo o Lanfairfechan a dod drwy Fwlch y Ddeufaen, yna i lawr topiau'r Ro-wen a Llanbedrycennin a chroesi afon Conwy cyn dringo bryniau Eglwys-bach am Fetws-yn-Rhos ac Abergele. Hen dafarn borthmyn rhwng Llanrwst a Betws-yn-Rhos yw'r murddun a elwir o hyd yn **Dafarn Bara Ceirch**. Un o'r tafarnau answyddogol hynny oedd yn bragu a gwerthu cwrw cartref oedd hon – yn ddigon pell o grafanc unrhyw gwnstabliaid. Eu dull o gael y gorau ar y cyfraith oedd honni nad oeddent yn gwerthu'r cwrw – dim ond yn ei roi am ddim i bawb oedd yn prynu bara ceirch. Pris peint o gwrw oedd pris y bara ceirch wrth gwrs. Yr unig un arall rydw i wedi dod ar ei thraws oedd yn gwneud hyn, ac yn arddel yr un enw hefyd ar lafar gwlad, oedd **Tafarn Bach**, Pont-siân.

*1. Anglesey Arms, Caernarfon;*
*2. Tafarn Bach, Pont-siân;*
*3. Tafarn Bara Ceirch, uwch Llangernyw*

# Tafarnau'r Goets Fawr

Gyda dyfodiad y goets fawr, ac yna'r post, adeiladwyd ffyrdd a thafarndai newydd, pwrpasol. Nid tafarnau i un neu ddau o farchogion neu gertwyr oedd eu hangen yn awr, ond tafarnau i gynnig llety a lluniaeth i sawl llond coets gyda'i gilydd. Tyfodd rhai trefi'n ganolfannau prysur, a'r dafarn fwyaf yn y trefi hynny oedd **hen dafarn y goets fawr**. Rhaid oedd cadw at amserlen fanwl a chaniateid hanner awr yma ac acw ar y teithiau i newid ceffylau ac i'r teithwyr borthi. Pan gyrhaeddai'r goets y dafarn, byddai'r ostleriaid yn brysur gyda'r ceffylau ar y buarth, y morynion gyda'r bwyd a'r tafarnwr a'i weision gyda'r diodydd, a byddai'r lle'n llawn bywyd.

Y ffordd am Gaergybi ac Iwerddon oedd yr un bwysicaf yng Nghymru yn y cyfnod hwnnw, a cheir nifer o hen dafarnau coets fawr arni. Ar hen gerrig milltir yr A5, cyfeirir yn aml at **Gerniogau Mawr** ger Glasfryn, Cerrigydrudion ac at **Mona Fawr** ar Ynys Môn. Dwy dafarn coets fawr oedd y rhain yn eu dydd.

*1. a 2. Cerrig milltir Telford ar yr A5; 3. Plasdy Mona heddiw; 4. Hen Goets Fawr ar yr A5 o flaen gwesty Ty'n Coed, Capel Curig; 5. Stablau Cerniogau; 6. Cerniogau Mawr heddiw*

Tua 1770 y trowyd plasty Cerniogau'n westy gan fod y ffordd honno o Amwythig eisoes yn cael ei defnyddio gan y goets fawr oedd yn croesi afon Conwy yn Llanrwst cyn gyrru ymlaen am Gonwy.

Ar un adeg, roedd lle i ddeg a thrigain o geffylau yn stablau Cerniogau – byddai pedair coets fawr, dwy i fyny a dwy i lawr yn galw yno bob dydd, yn ogystal â'r *Royal Mail*. Byddid yn prynu ceffylau o Iwerddon yn aml ond gan eu bod yn cael eu rhedeg nerth carnau ar hyd ffordd galed, fydden nhw ddim yn dal yn hir – aent yn ddiwerth, a lladdwyd cannoedd yno.

Byddent yn bragu'u cwrw'u hunain yn Cerniogau, gan gario'r brag o swydd Amwythig. Roedd yno leng o weision, morynion, gweinyddwyr, cogyddion ac ostleriaid – a thelynor, hefyd, sef Owen Owen, y Waen Oer, Capel Curig. Er eu bod bron fil o droedfeddi uwchlaw'r môr, roedd y gerddi a'r perllannau'n werth eu gweld – tyfid mefus, ceirios, afalau, eirin Mair a bresych yno. Mae cae o'r enw Cwninger wrth y gwesty ac roedd yno ddwy gist ddŵr oedd yn trapio brithyllod

1. Brynsiencyn; 2. Rhosllannerchrugog; 3. Conwy; 4. Capel Bangor

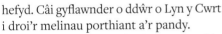

hefyd. Câi gyflawnder o ddŵr o Lyn y Cwrt i droi'r melinau porthiant a'r pandy.

Helaethwyd y tŷ wrth i fusnes gynyddu ac wrth reswm mae rhestr y pwysigion a alwodd yno yn faith. Byddai Daniel O'Connell, yr ymladdwr tros hawliau'r ffermwyr Gwyddelig, i'w weld yno'n aml – a byddai'r gweision a'r morynion yn ei adnabod wrth drwch gwadnau ei esgidiau, yn ôl yr hanes. Bu'r Duchess of Kent a'r Dywysoges Victoria yno ar eu taith i Eisteddfod Biwmares (1832). Bu'r Marquis of Sligo a'r Duke of Wellington yno hefyd. Dywedir i'r hen Iron Duke wneud bet â gŵr arall pwy allai gyrraedd Caernarfon

gyntaf o Lundain – y naill i deithio drwy'r Amwythig a'r llall drwy Gaer. Roedd y Dug yn bleidiol i ffordd Telford ac yn nhafarn Cerniogau, gŵr lleol o'r enw Dei Scott gydiodd yn awenau'r goets fawr. Tân dani, meddai'r Dug, ac roedd hynny'n ddigon i Dei Scott a oedd yn cael ei siarsio i gymryd pwyll fel arfer – maen nhw'n dweud iddo daranu i lawr Allt y Dinas am Fetws-y-coed yn gynt na'r un trên nes dychryn y Dyn Haearn trwy'i din ac allan!

Roedd plac ar dalcen mur y dafarn yn nodi fod 207 o filltiroedd oddi yno i Lundain. Erbyn hyn, dim ond enw ar gerrig milltir ydi Cerniogau hithau – yn 1839, symudwyd y drwydded oddi yno i westy'r **Foelas**, Pentrefoelas a throwyd yr hen dafarn yn ffermdy. Yn 1843, cariwyd darn o dŷ'r Cerniogau i Cerniogau Bach, i adeiladu ffermdy arall yno. Daeth yr oes aur i ben.

Cyn codi **Gwesty'r Mona** yn 1822, y dafarn '**hanner ffordd**' ar yr hen ffordd bost oedd y **Gwyndy** a saif rhwng Bodedern a Bodffordd. Y tafarnwr oedd postfeistr yr ardal yr adeg honno, ac ystyr wreiddiol y term hwnnw oedd un a roddai fenthyg ei geffylau am swm o bres.

Er mwyn cynnal eu masnach, trefnai rhai tafarnwyr eu coetsiau eu hunain.

Henry Bicknell, tafarnwr y **Penrhyn Arms** ym Mangor, lle'r agorodd Coleg y Brifysgol gan mlynedd yn ôl, a drefnodd y gwasanaeth dyddiol cyntaf o Fangor i Gaergybi ar ôl agor Pont y Borth. Does ryfedd felly bod cymaint o enwau tafarnau'n adleisio cyfnod y goets fawr, megis **Old Mail Coach Inn**, Conwy; **Six in Hand Hotel**, Cwmbrân; **Traveller's Rest**, ger Maesteg, a **Thafarn yr Hanner Ffordd**, ger Nantgaredig, lle newidid y ceffylau hanner ffordd rhwng Caerfyrddin a Llandeilo.

*1. Gorseinon; 2. Penllwyndu; 3. Nantgaredig*

I gyfnod y goets fawr y perthyn hanesion y lladron pen-ffordd hefyd, ac mae'r **Highway Tavern** ger Sanclêr yn dwyn hynny i gof. Mae stori ar lafar gwlad ynglŷn â **Thafarn y Trap**, Gorseinon. Dywedir mai lloches lladron oedd hon ar un amser a'u bod yn ymosod ar y goets fawr a âi ar brifffordd Abertawe, rhyw hanner milltir o'r dafarn. Mae allt serth yno a byddai'n rhaid i'r goets arafu ac yno, mewn man a elwir Cwm Lladron, y byddid yn ymosod arni gan ddychwelyd i'r dafarn i rannu'r ysbail. Yn ôl yr hanes, dyna sy'n esbonio pam mai 'y trap' yw ei henw, ond y mae'n bosib mai lle i groesawu teithwyr oes y ferlen a thrap yw'r tarddiad cywir gan fod hen dafarn, sydd bellach yn dŷ, o'r un enw nid nepell o Lanrwst.

Ers talwm, crogid lladron pen-ffordd a drwgweithredwyr eraill ar ochr y priffyrdd, neu ar groesffyrdd, a gadewid eu cyrff yno'n rhybudd i eraill. Yng nghefn gwlad Ceredigion mae tafarn **Penllwyndu** a saif ar hen groesffordd lle safai crocbren. Mae'r hanes i'w weld ar hysbysfwrdd y dafarn heddiw.

Mae tafarn y 'Cian', Llangadfan yng ngogledd Maldwyn yn dangos lluniau o danceri piwtar ar yr arwydd. Llestr i ddal diod oedd 'can' yn yr hen ddyddiau. Roedd hon hefyd yn dafarn y goets fawr ac yn un o ganolfannau danfon a chasglu llythyrau a pharseli – Swyddfa'r Post, fel yr oedd hi ar y dechrau. Cyfunodd y 'Can' a'r *Post*

*Office*' i roi'r '**Can Office**' sydd ar yr arwydd ar hyn o bryd. Ond mae enw llafar gwlad ar y bar cyhoeddus, sydd erbyn hyn wedi dod yn enwog drwy Gymru. Arferid cynnal marchnad anifeiliaid dros y ffordd i'r dafarn a byddai rhai prynwyr a gwerthwyr yn hel i'r dafarn. Roedd y rhain yn cael eu cymharu i'r lloi sugno, a'r '**Cut Lloi**' oedd yr enw llafar gwlad ar y bar. Yn 2003, ar ymweliad â'r Eisteddfod Genedlaethol gyntaf â Meifod, codwyd parti canu arbennig o blith ffyddloniaid y 'Cian' a daeth Parti Cut Lloi yn enw adnabyddus drwy'r wlad.

Enw tafarn arall sy'n cadw'r cof yn fyw am y goets fawr a'r post yw **Synod Inn**, de Ceredigion – neu'r 'Post Mawr' ar lafar gwlad.

*1. Llangadfan; 2.'Post Mawr' Synod Inn*

# Tafarnau'r Glannau

Pan oedd hwylio gyda'r glannau ac adeiladu llongau yn ei anterth ar arfordir Cymru rhwng 1750 a 1900 roedd y prysurdeb a'r gwaith oedd ar gael yn golygu bod poblogaeth fawr yn byw yn y pentrefi hynny. Yn 1840, yn fuan wedi codi waliau harbwr Ceinewydd, Ceredigion, roedd cynifer â deg sgwner wrthi'n cael eu hadeiladu yr un pryd ar y traeth. Roedd tri chant o seiri coed llawn amser yno yn ogystal â ffowndri a gefeiliau gof ar gyfer cadwyni, hoelion ac angorion, llofftydd creu hwyliau a gweithdai plethu rhaffau a chreu blociau. Yn y cyfnod hwnnw, roedd 24 tafarn yn y pentref ac mae blas y môr ar enwau rhai sydd wedi diflannu: **Ship on Launch, The Sailor's Home**. Mae adlais o'r gweithgarwch hwnnw yn enw tafarn **Yr Iard Gychod** yn Hiraul, Bangor.

Yn 1851 roedd 256 o ddynion yn cael eu cyflogi yn iardiau adeiladu llongau Nefyn. Roedd y cyllid anferth oedd ei angen i'w fuddsoddi yn y diwydiant hwn yn dod o'r gymdeithas leol – gweinidogion, chwarelwyr, ffermwyr, siopwyr, tafarnwyr a chapteiniaid llongau, wrth gwrs.

Roedd diwrnod lansio llongau yn ddiwrnod mawr yn y trefi glan môr. Yn aml iawn byddai'r prifathrawon yn cau'r ysgolion am y dydd, cymaint oedd y cynnwrf yn lleol. Byddai'r lansiwyr wedi agor rhych ddofn y diwrnod cynt i'r llanw gyrraedd at y llong iddi fedru morio'n braf ar benllanw. Byddai'r seremoni'n dechrau gyda gwasanaeth crefyddol, pregeth fer, torri potel ar goed y llong i'w bendithio ar ei theithiau ac yna dathlu a gwledda yn y tafarndai a'r gwestai lleol.

Roedd gwerth pob llong yn cael ei rhannu'n 64 siâr a byddai mynd mawr ar y siariau yn yr ardaloedd o gwmpas y porthladdoedd.

Wrth enwi'r llongau, defnyddid enwau merched yn aml – y rhain fyddai'n aros gartref ac yn brif gynheiliaid y gymdeithas ar y glannau. Merched fyddai'n cadw llawer o'r tafarnau yn ogystal. Câi llongau eraill eu henwi ar ôl afonydd, mynyddoedd, cestyll a stadau lleol ond roedd rhai yn dwyn enwau creaduriaid egsotig o'r cyfandiroedd pell – *Pelican*

1. *Tresaith; 2. Bangor; 3. Aberdaron; 4. Caernarfon*

(Nefyn 1815); *Antelope* (Ceinewydd 1868; Nefyn 1828); *Alligator* (Bangor 1794); *Crocodile* (Porthaethwy 1892). Mae'n bosib mai enwau'r llongau hyn sydd y tu ôl i'r arfer o ddefnyddio enwau creaduriaid tramor ar dafarndai – **Y Pelican** (Castellnewydd Emlyn); **Yr Antelope** (Treborth, Bangor); **Y Gazelle** (ger Biwmares). Cafodd nifer o longau eu henwi ar ôl y wenynen a'r eryr hefyd: *Bee* (Nefyn 1824; Ceinewydd 1842; Pwllheli, 1802; Conwy 1824); *Eagle* (Bangor 1833; Pwllheli 1815; Porthmadog 1837) a cheir tafarnau'r **Bee** yn Abergele ac Eglwysbach, Dyffryn Conwy a'r **Eagle** yng

1. *Castellnewydd Emlyn; 2. Bangor; 3. Aberteifi; 4. Aberaeron; 5. a 7. Pwllheli; 6. Ceinewydd*

Nghaernarfon, Aberteifi ac amryw o borthladdoedd eraill.

Yn yr hen ddyddiau, byddai llong yn treulio llawer o amser yn llwytho a dadlwytho ar y traeth neu wrth y cei. Yn 1840 roedd 914 o longau wedi galw ym Mhorth Dinllaen a Phorth Nefyn yn Llŷn yn unig. Yn ogystal â thorri syched y llongwyr fyddai'n galw heibio, byddai byddin go dda o gariwrs lleol yn dod i'r porthladd i gludo glo, calch, llechi ac ati oddi yno yn eu wagenni – ac roedd hwnnw yn waith sychedig yn ogystal. Does dim rhyfedd bod tafarnau i'w canfod mor agos i'r môr ag oedd yn bosib – fel **Pen Cei** (Porthmadog); **Penlan** a **Phen Cob** (Pwllheli) a **Penwig** (uwch traeth o'r un enw yng Ngheinewydd). Cyn codi'r cob a chreu harbwr allanol, roedd y llongau'n dadlwytho ar y lanfa a oedd unwaith yn Stryd Penlan, Pwllheli – wrth wneud gwaith adeiladu ar y siop sglodion yno, canfuwyd gwely o dywod a pholion clymu llongau yn y seler.

Dangosai tafarnwyr eu hysbryd croesawgar drwy enwi'u tafarnau ar ôl llongau fyddai'n galw heibio'n aml neu a oedd â chysylltiad â'r harbwr. Mae'r **Cadwgan** yn sefyll wrth y cei yn Aberaeron – dyna oedd enw'r llong olaf a adeiladwyd yn y dref. Enwyd tafarn y **Discovery** ym Mharc y Rhath (lle mae cofeb i Scott yr Antartig) ar ôl ei long enwog a hwyliodd o Ynys Wyth yn 1901. O Gaerdydd yr hwyliodd Scott a'i gyd-anturiaethwyr am yr Antartig ar y **Terra Nova** ar 15fed Mehefin, 1910. Llongau cyfarwydd yn y porthladdoedd oedd y **Cambria** yng Nghaergybi a'r **Cornwall** yn Grangetown, Caerdydd. Math arbennig o long oedd yn cario nwyddau gyda'r glannau a roddodd ei henw i'r enwog **Sloop**, Porth-gain.

Mae rhai tafarnau mor agos at y môr nes bod eu traed yn y tonnau adeg llanw mawr Mawrth a Medi. Un felly yw'r **Old Point House Inn** yn Angle Bay ger Aberdaugleddau. Cafodd ei hadeiladu o hen froc môr 300 mlynedd yn ôl a bydd y llanw'n cau'r unig ffordd ati yn rheolaidd.

*1. Aberaeron; 2. Caerdydd; 3. Caergybi; 4. Porth-gain*

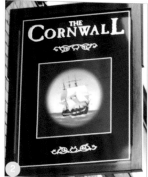

Mae mast llong a ddrylliwyd gerllaw i'w weld yn cynnal rhan o'r adeilad yn nhafarn y **Ship Aground**, Talsarnau hyd heddiw.

Teimlad tebyg sydd ym Mhorth Nefyn lle mae'r hen dafarn ar y traeth heb lôn o gwbl yn arwain ati – dim ond bod modd mynd â char dros y tywod pan mae'r môr ar drai. Roedd y porthladd bach yn brysur eithriadol ar un adeg – adeiladu llongau, halltu penwaig a chynnal masnach llongau'r glannau. Yn 1747 cofnodwyd bod bron 5,000 o gasgenni o benwaig hallt yn unig wedi'u hallforio o Nefyn yn y flwyddyn honno. Does ryfedd mai tri phennog ar darian yw arwyddlun y dref – ac roedd tafarn o'r enw **Three Herrings** yn Stryd y Ffynnon ar un adeg.

Gyda threth drom ar halen yn ystod Rhyfeloedd Napoleon, a chan fod Iwerddon mor agos at orllewin Cymru gyda'r Gwyddelod yn buddsoddi mewn llongau cul a chyflym i gael y blaen ar longau'r tollau, doedd ryfedd bod llawer o smyglo ar y glannau hyn. Roedd gan y tafarnau ran amlwg i'w chwarae yn y gweithgarwch hwnnw yn aml. Pan gyrhaeddodd llong smyglo Borth Dinllaen

*1. Porth Nefyn heddiw a ddoe a'r hen dafarn yng nghanol y llun; 2. Nefyn; 3. Talsarnau*

yn 1791, byrddiodd nifer o swyddogion y refeniw hi ond cafodd y criw y llaw uchaf arnynt a'u cloi mewn caban. Yno y buont nes dadlwythwyd yr holl nwyddau ac y dathlwyd masnach anghyfreithlon ond llwyddiannus yn nhafarnau'r borth.

Nid oes pentref ar ôl hyd yn oed yn hen borth Rhuol, Rhiw, Pen Llŷn erbyn hyn. Yng nghesail gorllewinol Porth Neigwl, dan lethr serth Mynydd Rhiw, roedd yr harbwr bach yn cynnal fferi gyson i Bermo ar un adeg ac yn borthladd prysur yn allforio mango o fwynfeydd yr ardal a chynnyrch amaethyddol i farchnadoedd Lerpwl. Mae hen dafarn ar y traeth o hyd – gyda'r enw addas, **Ty'n Borth**.

Gan ei bod yn gilfach mor anghysbell dros y tir, roedd yn lle delfrydol i smyglo. Ym Mehefin 1824, mae cofnod swyddogol o hynny pan alwodd sgwner ar ei ffordd o Gurnsey i afon Clyde yn Rhuol, gan ddadlwytho les, te, brandi a jin ac aros yno'n hamddenol dros nifer o ddyddiau. Sgwennodd Richard Edwards, sgweiar Nanhoron at yr awdurdodau i gwyno nad oedd llong digon agos gan awdurdodau'r tollau i reoli'r fasnach anghyfreithlon. Roedd eu llong agosaf yn harbwr Pwllheli – 'waeth iddi fod wedi angori yn Charing Cross ddim,' meddai'r sgweiar blin. Efallai bod cysylltiad agos rhwng y smyglo ym Mhorth Rhuol â theulu bonedd Plas yn

1. *Hen dafarn Ty'n Borth wedi'i hadfer yn Rhuol, Rhiw; 2. Yng ngolau'r lleuad*

Rhiw gerllaw yn codi gwrychyn teulu Nanhoron hefyd!

Mae **Tafarn Tŷ Coch**, Porth Dinllaen wedi goroesi hyd heddiw. Gellir cerdded yno dros y traeth ond hefyd mae ffordd yn arwain at gefn y dafarn drwy faes golff Nefyn. Daeth yn enwog yn rhyngwladol wrth gael ei henwi fel un o'r deg tafarn draeth orau yn y byd. Mae'r paent coch nodedig ar wyneb yr adeilad yn ei wneud yn adeilad eiconig ar gardiau post, ffotograffau a gwaith celf ond mae'n debyg mai brics coch ac nid paent coch a roddodd yr enw i'r dafarn yn wreiddiol. Cyrhaeddodd y brics y traeth o'r

*1. Porth Dinllaen; 2. Hwlffordd; 3. Caergybi; 4. Cemaes*

Iseldiroedd yn falast llong rhyw dro ac fe'u defnyddiwyd i godi'r tŷ a ddaeth yn dafarn mor enwog. Tŷ Gwyn oedd enw'r tŷ drws nesaf ar un adeg ac arferai hwnnw hefyd fod yn dafarn yn anterth y lle fel harbwr llongau hwyliau.

Ffordd arall o ddangos croeso i ymwelwyr a morwyr oedd enwi tafarnau ar ôl y porthladdoedd fyddai'n masnachu'n gyson gyda'r harbwr lleol. Mae map o gysylltiadau morwrol i'w ganfod wrth ddilyn enwau tafarnau o harbwr i harbwr o amgylch arfordir Cymru – y **Bristol Trader** yn Hwlffordd, y **Dublin Packet** yng Nghaergybi, y **Douglas** (Ynys Manaw) yng Nghemaes, Môn a'r **Liverpool Arms** yng Nghonwy a Phorthaethwy.

Yn ogystal ag enwi porthladdoedd,

byddai enwau penodol gweddol leol yn gweithio'n dda hefyd. Dyna'r dafarn a enwyd ar ôl **Castell Caernarfon** yng Nghaergybi – roedd tipyn o gysylltiad yn ôl ac ymlaen ar draws y môr rhwng y ddwy dref ar un adeg. Efallai bod cyn-forwr o Gaernarfon wedi setlo yng Nghaergybi ac yn awyddus i roi gwybod bod sgwrs a chroeso i forwyr o'r hen dref yn ei dafarn fach uwch yr harbwr yng ngogledd Môn.

Mae enwau eraill yn tystio i'r llongau oedd yn hwylio o Gymru ar hyd ac ar led y byd. Aeth cannoedd o filoedd o dunelli o lechi Gwynedd i Awstralia a Seland Newydd ac atgof o'r fasnach honno sydd yn enwau tafarnau'r **Awstralia** (Porthmadog) a'r **Auckland** (Porthaethwy). Gwelir y **Boston** yng Nghaergybi a'r **Canadian** yn Adamstown, Caerdydd ond efallai mai **Y Glôb** ym Mangor sy'n eu curo nhw i gyd!

Newidiodd byd masnach glannau Cymru erbyn ein dyddiau ni ond mae llawer o'r hen dafarnau yn cadw'r hanes hynod am ein treftadaeth forwrol yn fyw. Maen nhw hefyd yn cynnig lle braf am seibiant a lluniaeth i gerddwyr Llwybr Arfordir Cymru – y wlad gyntaf yn y byd i gael llwybr agored ar hyd ei glannau. Mae'n nhw hefyd yn cadw'r enwau – **Ynysoedd y Moelrhoniaid** yw'r enw Cymraeg ar y creigiau ger glannau Môn a alwyd gan y Llychlynwyr yn *Skerries*.

*1. Porthmadog; 2. Porthaethwy; 3. Bangor 4. a 5. Caergybi; 6. Bermo; 7. Caernarfon*

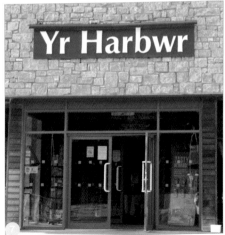

# Fferi a Rheilffordd

Yn yr hen ddyddiau roedd sawl fferi yn croesi afon Menai ac yn amlach na pheidio roedd tafarnau ar y cei i ddisgwyl am y gwasanaeth. Dyna yw'r **Gardd Fôn**, y Felinheli (fferi Moel y Don) a'r **Anglesey**, Caernarfon (fferi Tal-y-foel). Mae gweddillion jeti fferi Moel y Don i'w weld o flaen y Gardd Fôn ac roedd hen dafarn yr ochr draw i'r Fenai yn ogystal.

Mae nifer o hen dafarnau fferi i'w gweld ar hyd arfordir ac ar lannau aberoedd Cymru – yn arbennig yn sir Benfro lle mae rhai i'w gweld yn Llandudoch a Hafan Aberdaugleddau. Tafarn fferi oedd **Y Gloch Las** yng Nghonwy hefyd.

Ganol y bedwaredd ganrif ar bymtheg, daeth oes yr injan stêm â rheilffyrdd i bob cwr o Gymru. Gofynnai hyn am rwydwaith newydd o dafarnau, sef rhai gerllaw'r gorsafoedd er mwyn diwallu anghenion y teithwyr wrth iddynt gyrraedd pen y daith. Yn aml iawn byddai'r cwmnïau hynny yn agor tafarnau wrth y gorsafoedd, megis y **Cambrian** yn Aberystwyth, y **Great**

1. Conwy; 2. Bangor; 3. a 4. Hafan Aberdaugleddau; 5. Tafarn y Fferi, Llandudoch

**Western** yn Llanelli a'r **North Western** ym Mlaenau Ffestiniog. Math arall o reilffordd a roddodd ei henw i dafarn y **Monorail** ym Mhen-coed a'r **Vale of Rheidol** yn Aberystwyth. Llun o drên bach a welir ar arwydd y **Railway Inn** yn Abergynolwyn hefyd – trên bach Tal-y-llyn yw hwnnw.

Daeth tro ar fyd y rheilffyrdd erbyn canol yr ugeinfed ganrif a chaewyd llawer o'r rhai gwledig. Eto, saif y tafarnau, ac mae eu henwau'n adleisio prysurdeb yr oes o'r blaen – mae'r **Railway Inn** i'w gweld ym Mhenybont-fawr yng nghanol tawelwch cefn gwlad Maldwyn o hyd, er nad oes llathen o lein o fewn milltiroedd lawer iddi erbyn hyn. Gwelir y **Cardiff Arms** yng Nghilgerran ond mae'r dryswch ynglyn â'r enw'n diflannu o gofio bod rheilffordd yn cysylltu'r dref â Chaerdydd ar un adeg.

Mae hen orsafoedd yn cael bywyd newydd. Ar y Preseli, trowyd cwt sinc gorsaf Rosebush yn dafarn draddodiadol Gymreig dan yr enw enwog **Tafarn Sinc**. Mae gorsaf Aberystwyth yn croesawu ymwelwyr at y bar yn nhafarn **Yr Hen Orsaf** bellach.

1. *Preseli*; 2. *Blaenau Ffestiniog*; 3. *Aberystwyth*; 4. *Cilgerran*; 5. *Aberystwyth*; 6. *Abergynolwyn*

# Arwyddion Crefft

Yn nhrefi mawrion Lloegr ac, i raddau llai, mewn rhai ardaloedd diwydiannol yng Nghymru, ffurfid urddau crefft, ac undebau yn ddiweddarach, i amddiffyn hawliau a masnach dosbarth arbennig o grefftwyr. Roedd ganddynt eu harfbeisiau eu hunain – tair pedol oedd arwydd Urdd y Gofaint a thri cwmpawd oedd arfbais Urdd y Seiri. Cyfarfyddai'r urddau hyn i drafod eu materion mewn tafarnau fel rheol, ac yn aml iawn mabwysiadodd y tafarnau arfbeisiau'r urddau crefft.

Ers dyddiau'r Rhufeiniaid, a chyn hynny, bu gan grefftwyr feddwl mawr o'u harfau gwaith a rhoddent luniau ohonynt ar dalcenni eu gweithdai a hefyd ar eu cerrig beddau. Llun y crefftwr neu lun arfau'r grefft a welir ar hysbysfyrddau'r tafarnau yn ogystal megis y **Wheelwright Arms** ym Manach, ger Wrecsam. Mae'r cyfrwywyr, y cowperiaid, y gwehyddion, y cigyddion, y blingwyr, yr adeiladwyr, y ffermwyr a hyd yn oed y seiri rhyddion i gyd wedi rhoi enwau i dafarnau yn y modd hwn. Ceir blas diwydiant yr ardal yn enwau'r tafarnau – gwelir sawl **Miners'** yn ardal y mwynfeydd plwm, ac ynghyd â'r **Colliers' Arms** yng nghymoedd y de ac yn ardal Wrecsam. Mae'r **Smelters' Arms** yn

1. Pontrhydygroes, Ceredigion; 2. Ffwrnais, Llanelli; 3. Llangefni; 4. Caerfyrddin

THE CORACLE TAVERN

Nhreforys a'r **Foundry Vaults** yn Llangefni. Ar dro, rhoddid y gair **Jolly** o flaen enw'r crefftwr, gan ddangos nad busnes yn unig oedd yn cael ei drafod yn y tafarnau hyn mae'n debyg.

Roedd cysylltiad rhwng y perchnogion gwaith â'r tafarnau – neu ddiffyg tafarnau – mewn mannau. Caewyd rhai tafarnau ganddynt. Ym Methesda, Arfon ni all

*Tafarnau ardal y chwareli: 1. Bethesda; 2. Arfbais perchnogion chwarel Blaenau Ffestiniog ar dafarn ym Maentwrog; 3. Pentir; 4. Caerfyrddin*

cerddwr ar hyd y Stryd Fawr lai na sylwi bod y tafarnau i gyd ar y llaw chwith wrth iddo gerdded i lawr y dyffryn i gyfeiriad Bangor. Stad y Penrhyn oedd perchennog y tir ar y llaw chwith ers talwm a gan mai chwarelwyr oedd yn gweithio yn chwarel y stad oedd y rhan fwyaf o'r trigolion – tair mil ohonynt yn anterth y gwaith – roedd y stad yn awyddus i leihau'r demtasiwn i'w gweithwyr fynd i lymeitian gyda'r nos ac felly gwrthodai'r stad roi trwydded i neb werthu cwrw ar ochr chwith y stryd.

Ond stad y Faenol oedd perchennog y tir ar y llaw dde. Gwelsant eu cyfle a

thrwyddedwyd rhesaid o dafarnau ar yr ochr honno. Fel mae'r enwau'n awgrymu, roedd y ffaith bod 'Ffordd y Lord' (Ffordd yr Arglwydd Penrhyn, yn eironig ddigon, sef yr A5) yn rhedeg drwy'r pentref yn cynnig cyfleoedd i wasanaethu'r goets fawr. Roedd y **Douglas** yn dafarn coets fawr; mae'r **Llangollen** yn gyfeiriad amlwg at yr A5 ac mae'r **Coach and Horses** bellach wedi'i throi'n westy bach.

Mae enwau Cymraeg yn arddel y crefftau hyn yn ogystal. Mae tafarn **Y Bedol** i'w gweld ym Methel a Thal-y-bont (Dyffryn Conwy) a thafarn **Cae'r Bedol** yn ardal Trecastell ym Mrycheiniog. Ym Mhentre-bach, gwelir **Tafarn y Crydd** a rhwng Nantgaredig a Llansawel gellir galw heibio **Tafarn yr Aradr**. Mae **Tafarn y Gof**

yn Llangyndeyrn, sir Gaerfyrddin, y **Cŵps** yn Aberystwyth a **Thafarn y Cowper** yng Nghastellnewydd Emlyn. Mae **Tafarn y Felin** yn Llanelli a thafarn Melin Brwcws ger Dinbych. Tafarn a enwyd ar ôl dyn o'r enw Caddy oedd yn berchen pwll glo yw **Pwll Caddies** ym mhentref Brychtyn, ger Wrecsam ond y gweithiwr a gaiff y clod yn **Nhafarn John y Gwas** yn ardal ffatrïoedd gwlân Drefach Felindre.

Mae'r dafarn hynaf yng Nghasnewydd, Gwent yn cofnodi un o'r galwedigaethau hynaf oedd ynglŷn â'r hen dref gaerog honno, sef **Ye Olde Murenger House**. Yn yr Oesoedd Canol, y *murenger* oedd y gŵr oedd yn gyfrifol am gadw muriau'r dref mewn cyflwr boddhaol – y 'Muriwr' – ac arferai fyw yn y tŷ lle mae'r dafarn heddiw.

Mae'r arwydd

sy'n crogi uwchben y drws yn dangos y crefftwr wrthi'n astudio muriau'r dref.

Enwyd tafarnau ar ôl y cwrwgl yng Nghaerfyrddin ac Abertawe; mae'r **Nantyffin Cider Mill Inn** i'w gweld yng Nghrughywel, Brycheiniog; y **Tan House Inn** yn Llangynyw, Llanfair Caereinion, a'r **Blast Furnace Hotel** ym Mhontlotyn, ger Rhymni. Ond o'r holl alwedigaethau sydd wedi dylanwadu ar enwau tafarnau Cymru, prin fod dwy fwy rhamantus na'r rhai a roes eu henwau i'r **Gold-diggers' Arms** ym Mryn-mawr, Gwent, a'r **Poacher's Cottage** yn y Ffrith, ger Wrecsam.

1. Pentre-bach, Brycheiniog; 2. Llangyndeyrn; 3. Castellnewydd Emlyn; 4. Bethel, Caernarfon; 5. Aberystwyth; 6. Dinbych; 7. Drefach Felindre; 8. Casnewydd

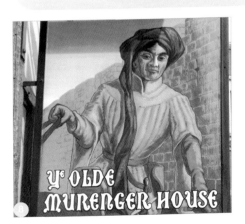

# Chwaraeon a Hamdden

Go brin y gellir cael gwell enghraifft o'r cysylliad cymdeithasol rhwng chwaraeon a thafarnau drwy'r byd na chanol dinas Caerdydd. Aeth enw'r **Cardiff Arms Hotel**, a arferai sefyll yn Stryd Westgate, yn enw ar faes rygbi rhwng y stryd honno ag afon Taf. Mae'r maes rygbi cenedlaethol yn dal yn elfen bwysig o ganol y ddinas – ac yn destun edmygedd oherwydd y cyfleustra hwnnw.

Mae'r **Cricketer's** ger Sain Helen, Abertawe a'r **Turf**, ger y Cae Ras yn Wrecsam yn dafarnau a gysylltir â chwaraeon arbennig, a'r un modd y **First Hurdle** yng Nghas-gwent. Rasio ceffylau roes ei enw i sawl **Horse and Jockey** hefyd, a thri brawd oedd yn farchogion deheuig roes yr enw i'r **Anthonys**, Trelái, Caerdydd. Hogiau fferm o sir Gaerfyrddin oedd Jack, Ivor ac Owen Anthony yn wreiddiol, ond daethant yn enwog drwy dde Cymru am eu campau marchogaeth. Aeth bri Jack Anthony ymhellach na hynny gan iddo ennill y *Grand National* deirgwaith.

Cyfeiriwyd eisoes at dafarnau a enwyd ar ôl anifeiliaid a ddefnyddir i hela – un arall yn perthyn i'r un maes yw'r **Tally Ho**, a gwelir tafarn o'r enw hwnnw ym mhentref Cefn Bychan rhwng y Waun a Wrecsam sydd ger un o'r pyrth i Barc Wynnstay. Rasio milgwn sy'n cael ei ddarlunio ar arwydd

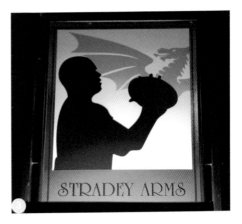

**Tafarn y Milgi** yn Llannon, Cwm Gwendraeth.

Tafarn arbennig arall yw'r **Royal Oak** yn Splott. Mae'r cysylltiad â chwaraeon yn amlwg yn llawer o dafarnau'r ddinas, yn arbennig y bariau modern a ddatblygwyd ar ôl codi'r stadiwm newydd ar gyfer Cwpan Rygbi'r Byd yn 1999, ond dyma hen dafarn sy'n dathlu pwysigrwydd y ddinas yn y cylch paffio. Mae nifer o luniau a beltiau bocswyr yn y bar – gan gynnwys gwregys 'Lonsdale' Jim Driscoll, perthynas i deulu'r Burns sy'n dal i gadw'r dafarn. Dyma dafarn Wyddelig/Gymreig go iawn gyda'r Gymraeg a'r Wyddeleg yn gydradd ar ddrysau'r tai bach!

*1. Caerdydd; 2. Llannon, Cwm Gwendraeth; 3. Ffwrnais, Llanelli*

Ym Metws Garmon, roedd modd llogi hogiau lleol yn y gwesty i dywys cerddwyr i gopa'r Wyddfa, a dyna pam y'i galwyd yn **Snowdon Ranger**.

Caiff rhai gemau eu chwarae yn y dafarn ei hun, ac un o'r rhai mwyaf poblogaidd o'r rheiny a roes ei henw i dafarn y **Domino** yng Nghwm Clyd, Waunarlwydd, Morgannwg. Roedd offerynnau cerdd yn cael eu canu mewn llawer o dafarnau cyn dyfodiad y jiwc-bocs

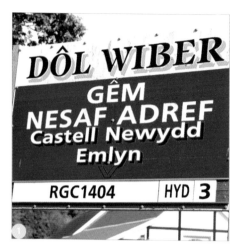

yn y gornel, ac un o'r rhai mwyaf poblogaidd yng Nghymru, wrth gwrs, oedd y delyn, ac y mae llu o dafarnau yn dwyn ei henw ledled y wlad.

Cafodd Deddf Cau'r Tafarnau ar y Sul yng Nghymru (yn 1881) effaith ar rai tafarndai a bragdai. Cynhelid llawer o chwaraeon ar y Suliau ar un adeg ac roedd gan dafarnau ran amlwg yn yr hamddena hwnnw. Roedd hen fragdy annibynnol yn arfer bod yng nghefn yr **Albert Hotel** yn Stryd y Santes Fair yng Nghaerdydd ond penderfynwyd rhoi'r ffidl yn y to yn sgil effaith y ddeddf newydd. Prynwyd y

busnes gan Samuel Arthur Brain. Fel amryw o fragdai Cymreig eraill, gwelodd Brain ei gyfle a dechreuodd arbrofi a gwerthu cwrw mewn fflagonau – gallai'r cyhoedd eu llenwi a thalu amdanynt ar nos Sadwrn a'u hyfed yn hollol gyfreithiol ar y Sul. Cysylltwyd llawer o'r clybiau cymdeithasol gyda chwaraeon ac mae hynny'n parhau – o Glwb Rygbi Castellnewydd Emlyn ar Ddôl Wiber i Glwb Rygbi Nant Conwy ar faes Pant Carw.

Gair tafodieithol am fainc bren yw ffwrwm, ac ym Machen, rhwng Casnewydd

1. *Castellnewydd Emlyn*; 2. *Nant Conwy ger Llanrwst*; 3. *Glanaman*; 4. *Cwm Twrch*; 5. *Tymbl Uchaf*; 6. *Machen*

a Chaerffili, mae tafarn y **Ffwrwm Ishta**. Mae naws rhyw hamddena'n braf ar ddiwedd diwrnod yn perthyn i'r enw hwn, gyda'r crefftwyr lleol yn troi oddi wrth eu 'ffwrwm waith' ac yn mwynhau eu hunain ar y 'ffwrwm ishta'.

Dyna'r prif bleser mewn unrhyw dafarn, mae'n debyg – hamddena ymysg cyfeillion, sgwrsio a thrafod a thynnu coes am bethau cyffredin a ffraeth. Lle'n well i wneud hynny na mewn tŷ trwyddedig a elwir yn **Dafarn y Werin**, ac mae mwy nag un o'r rheiny wedi bod ar hyd a lled Cymru.

# Arwyddion Hynod

Does dim yn anarferol mewn enwi tafarn yn **'New Inn'**. Ond ychwanegwch y dyddiad oddi tano a gall godi gwên. Yn Llangynog, ystyr 'Newydd' ydi 1751. Ychydig ymhellach i lawr y ffordd, mae arwydd mwy dryslyd fyth yn nhref Llanfyllin: **The Old New Inn**!

Mae enwau digon od ar rai tafarnau, ac efallai mai un o'r rhai rhyfeddaf yw ffrwyth cystadleuaeth i ddewis enw o'r fath. Cyn enwi'r **Cow and Snuffers** yn Llandaf, cafwyd sialens mewn cylch arbennig o bobl – sialens i fathu enw ar y dafarn, gan dynghedu i ddewis yr enw odiaf a gynigid. Roedd pob un yn cefnogi'i gais â bet sylweddol, a dyna sut y daeth llun buwch a phâr o ddiffoddwyr canhwyllau hen ffasiwn i fod ar hysbysfwrdd y dafarn.

Ond mwy diddorol efallai yw'r enwau hynny sy'n anfwriadol ryfedd. Does dim yn annisgwyl yn yr enw **Fox Inn**, ond yn

1. Llangynog; 2. Llanfyllin; 3. Abertawe; 4. Carno;

Ysgeifiog cafodd tafarn ei henwi'n hynny, nid oherwydd unrhyw gysylltiad â hela llwynogod, ond oherwydd mai dyna oedd enw'r dyn a'i hadeiladodd dri chan mlynedd yn ôl! Gwelir y **No Sign Bar** yn Abertawe a **The Inn Between** ym Mrynbuga ac yn Nynfant, ger Abertawe, ceir tafarn o'r enw **Found Out Inn**. Mae hysbysfwrdd y dafarn honno'n portreadu stori a gysylltir â nifer o dafarnau, sef y giaffar yn dod i chwilio am ei labrwr, ac yn canfod hwnnw'n torri'i syched yn y dafarn.

Dalfa debyg roes ei henw i un o hen dafarnau Rhuthun, sydd bellach wedi cau. Roedd bechgyn hynaf Ysgol Rhuthun yn arfer sleifio yno am lymaid, yna'n cael eu dal gan ysgolfeistr ac yn cael eu hel allan gyda bonclust. Enw'r dafarn, felly, oedd y **Slip In and Slap Out**.

Enw anarferol yw'r **Aleppo Merchant** yng Ngharno, a dywedir mai tafarnwr o'r enw Farr roddodd yr enw hwnnw ar y dafarn wedi iddo ymddeol i Garno wedi gyrfa lwyddiannus fel masnachwr ar y môr. Yn ôl un traddodiad, roedd o'n fwy o fôr-leidr na dim arall, ac enwodd y dafarn ar ôl llong a ddaeth â chymaint o gyfoeth iddo.

Yn ôl traddodiad, 'Llety Gonest' oedd enw gwreiddiol **Tafarn y Llety** ym

Mostyn, Fflint. Câi 'llety' ei ddefnyddio'n gyffredin i olygu *inn* yn Gymraeg yn yr hen ddyddiau, a dywedir bod gŵr o Gaerwrangon wedi adeiladu'r dafarn hon yn 1699. Dodrefnodd yr adeilad, setlodd ei ddyledion, a phan oedd popeth yn barod i'w hagor i'r cyhoedd, diflannodd. Galwyd y dafarn yn **'Llety Gonest'** fel teyrnged i'r gŵr a dalodd ei ddyledion cyn ymadael.

Tafarn arall ag enw unigryw arni yw **Tafarn y Rwyth** ym Mhont-iets. Yn ôl traddodiad llafar diweddar yn y cylch, noda'r dafarn leoliad yr wythfed gris ar gamlas gyfagos, ond mae'r enw i'w ganfod ar fap sy'n hŷn na'r gamlas honno. Yr esboniad mwyaf tebygol yw mai 'rwyth', sef hen enw am dir mewn dolen o afon yw'r enw a geir yma. Yn yr hen ddyddiau, roedd afon Gwendraeth yn dolennu yn y fan honno cyn iddi newid ei chwrs, a'r adeg honno safai'r dafarn ar dir mewn tro mawr yn yr afon.

Mae mwy nag un dafarn yn rhif yn hytrach nag enw – rhif stryd fel arfer. Mae'r **Saith Deg Naw** yng Nghaergybi'n enghraifft o hynny.

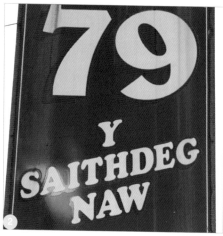

1. Pont-iets; 2. Caergybi; 3. Loggerheads; 4. Llanfair Caereinion

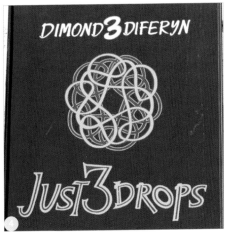

Mae tafarn yr **Happy Union** ger Abaty Cwm-hir, a'r darlun gogleisiol ar yr arwydd yw meddwyn ar gefn bwch gafr. Un enwog arall yw'r **Labour in Vain** yn Llanfwrog, Clwyd, lle gwelir dyn du mewn twb golchi yn cael ei sgrwbio gan ddau ddyn gwyn, fel petaent yn ymdrechu i newid lliw ei groen.

Mae sawl tafarn yng ngwledydd Prydain yn dwyn yr enw **The Three Loggerheads**, ac er mai llygriad o **The Three Leopards' Heads**, sef arfbais y gof aur, yw'r rhan fwyaf o'r rhain, mae'r lluniau a geir ar yr arwyddion yn rhai difyr iawn. Saif tafarn o'r enw hwnnw rhwng yr Wyddgrug a Rhuthun a'r arlunydd enwog, Richard Wilson, sydd wedi paentio'r arwydd. Arno, gwelir dau ffŵl, a chymer ychydig o amser i'r sawl sy'n edrych arnynt sylweddoli mai ef ei hun yw'r trydydd ffŵl.

Triawd diweddar arall yw'r **Dim Ond Tri Diferyn** sy'n enw ar dafarn yn Llanfair Caereinion.

# Ar Lafar Gwlad

Saif tafarn y **Singing Kettle** ar ochr y briffordd yn Lloc, ger Treffynnon, ond i unrhyw Gymro sy'n galw heibio neu'n pasio heibio, tafarn y **Singing Tebot** yw hon bellach, fyth ers i Ifans y Tryc ymweld â hi ar un o'i anturiaethau. Mae hon, erbyn hyn, yn un o'r tafarnau hynny sydd wedi cael dau enw – sef yr enw 'swyddogol', a welir ar yr arwyddfwrdd, a hefyd yr enw a arddelir ar lafar gwlad.

Mae '**Ring**' yn enw llafar cyffredin ar nifer o dafarnau yng Ngwynedd – mae'n debyg mai Cymreigiad o '**Yr Inn**' ydyw, yn union fel y mae'r gair 'stondin' yn cael ei ynganu'n 'stonding' ar lafar. '**Ring Newydd**' oedd y **North Western Hotel** ym Mlaenau Ffestiniog; '**Ring Tanybwlch**' yw'r **Oakeley Arms**, Maentwrog, a chlywir '**Ring**' yn cael ei ddefnyddio hefyd am dafarnau Tudweiliog a'r Garreg, Llanfrothen. Enw cyffredin arall am dafarn ar lafar gwlad ydi '**Y Tap**' a dyna'r enw ar

*1. a 2. Llanfrothen; 3. Tudweiliog;*
*4. Blaenau Ffestiniog*

dalcen y King's Head, Glaspwll ger Blaenau Ffestiniog.

Roedd tafarnwr moel, oedd hefyd yn dipyn o dwmffat, yn y Groeslon, ger Caernarfon, a'i lysenw'n lleol oedd '**Pen Nionyn**'. Aeth llysenw'r tafarnwr yn enw llafar ar y dafarn ei hun, ac erbyn heddiw arddelwyd yr enw hwnnw'n swyddogol gyda llun o ben tafarnwr moel ar yr arwydd uwch y drws.

Mae cof gwlad yn hŷn na'r enw swyddogol mewn aml i le. Newidir enwau rhai tafarnau yn ôl ffasiynau'r cyfnod, ond weithiau bydd gwerin gwlad yn glynu at yr enw gwreiddiol. Er mai'r **Railway** yw enw tŷ tafarn yn Llanglydwen, sir Gaerfyrddin erbyn hyn, '**Tafarn y Bont**' yw hi ar lafar o hyd. Gelwid tafarn yng Nghwm-y-glo (llety bynchows bellach), ger Caernarfon, yn **Railway** ar un adeg hefyd, yna aeth yn **Snowdon** ond '**Y Fricsan**' yw hi ar lafar gwlad, serch hynny, gan mai dyma'r adeilad cyntaf yn yr ardal i gael ei godi o frics. **Y Goat** yw enw'r dafarn sydd ym Maerdy, sir Ddinbych erbyn hyn, ond y '**Cymro**' yw ei henw ar lafar o hyd gan mai dyna'r hen enw.

Saif **Tafarn y Ffynnon Arian** ar yr A5, ger Penmachno, ond i hen drigolion yr ardal, '**Stabal Mêl**' yw hi o hyd, gan mai yno y byddai'r *mail coach* yn newid ceffylau yn yr oes o'r blaen. A phwy ŵyr pa mor hen yw'r enw '**Pen Deitsh**' am dafarn y **Palace Vaults** yng Nghaernarfon, sydd wedi'i lleoli ar ben ffos y castell. Yn yr un dref, **Ty'n Cei** yw'r enw llafar traddodiadol ar yr **Anglesey** ac mae llysenw popbl y dref yn cael lle anrhydeddus yn yr enw **Cofi Roc**.

Yn y pentref traddodiadol Cymreig, yr eglwys a'r fynwent, sef y 'llan', oedd y canolbwynt, ac felly enwid tai – a thafarndai – mewn perthynas â'r llan. Ym Mhenmachno, er enghraifft, ceir dwy dafarn, ac fe'u gelwir ar lafar yn **Tŷ Ucha**

(**Yr Eagles**), a Thŷ Newydd Isa (**Y Machno**).

Mae tafarn ar blatfform yr orsaf ym Mhorthmadog – y **Station Buffet** yw ei henw swyddogol, ond y **Rooms** yw ei henw llafar gwlad, ac yn Llanbedrog, gelwir **Tafarn Glyn y Weddw** yn '**Tŷ Du**' ar lafar. Y '**Netpwl**' yw'r enw llafar ar **Dafarn y Teifi** yn Llandudoch, gan mai yno y penderfynir pwy sy'n cael yr hawl i bysgota pa bwll yn yr afon.

Ym Mhen-y-groes, ger Caernarfon mae Clwb Pêl-droed Dyffryn Nantlle – y '**Clyb Mawr**' neu'r '**Cwt Ieir**' ar lafar, oherwydd siâp yr adeilad; yno hefyd mae Clwb y Cyn-filwyr, sef y '**Clyb Bach**' neu'r '**Cwt Sinc**' ar lafar.

Roedd dwy dafarn o'r un enw yn Nhregaron ar un adeg, sef **Railway**, a galwyd un yn '**Steps**' er mwyn ei

gwahaniaethu oddi wrth y llall, a dyna'i henw ar lafar o hyd. Yn Rhosllannerchrugog, adwaenid y **Bull's Head** fel y '**Dafarn Geiniog**'. Clywais ddau esboniad ar hyn, sef bod y tafarnwr yn fodlon benthyca arian am log o geiniog, a hefyd mai ceiniog oedd pris pas ar fws oddi yno i'r gwaith glo. Galwyd tafarn arall yn y Rhos yn '**Dafarn y Cloc**', nid oherwydd ei bod gerllaw cloc y pentref, ond am fod perchnogion un o'r gweithfeydd yn ei defnyddio fel swyddfa i'r gweithwyr 'glocio i mewn' i'r gwaith ar un adeg.

Mae **Tafarn y Delyn** ar agor yng Nghaernarfon o hyd, ond yn ystod y ganrif ddiwethaf nid oedd y trigolion yn medru darllen y Saesneg oedd ar yr arwydd. Y cwbl a welent hwy oedd llun y delyn, ac felly fe'i gelwid yn '**Sein Delyn**'. Mewn hysbyseb yn *Yr Herald Cymraeg* yn 1890, defnyddir yr enw llafar hwn fel enw swyddogol wrth dynnu sylw'r darllenwyr

1. *Y Groeslon*; 2. *Cwm-y-glo*; 3. *Penmachno*; 4. *a* 6. *Caernarfon*; 5. *Porthmadog*

bod Hugh Evans, 'y Gosodwr Esgyrn medrus o Benygroes', yn cyfarfod ei gwsmeriaid yno bob nos Sadwrn.

Mae tafarn o'r enw **Rum Hole** o dan y castell yn Harlech, a chlywir '**Y Twll Amheus**' yn cael ei arddel ar lafar am y lle hwnnw. Am ryw reswm, y **Killer** yw'r enw llafar ar y **Station Hotel** yng Nghyffordd Llandudno ac ailenwyd y **Rum Puncheon** yn Abertawe yn **Rum Punch-up** ar lafar, gan fod ffeit i'w chael yno bron bob nos ar un adeg! Y **Dirty Dick's** fu'r enw poblogaidd ar **Y Goat**, Glandwyfach am flynyddoedd, ac uwchben Prestatyn mae tafarn yr **Eagle and Child**, a elwir yn **Bird and Bastard** ar lafar.

'Swansi Jacs' yw un o'r llysenwau torfol rheiny sy'n britho ein hiaith lafar. Mae'n debyg mai daeargi dewr a achubodd ei feistr ar y môr oedd y 'Jack' gwreiddiol, ac mae tafarn y **Swansea Jack** yn Abertawe yn portreadu'r ci hwnnw ar ei harwydd. Yng Nglyn-coch, ger Glyn Ogwr, mae tafarn a enwid yn lleol yn '**Dim rhagor**' am fod gan wraig y tŷ hwnnw fwy o ddiddordeb mewn cadw'i chwsmeriaid yn sobor nag mewn gwerthu cwrw iddynt.

Roedd gan y Sipsiwn Cymreig eu geirfa eu hunain, ac ymysg y cyfoeth a nodir yn y gyfrol arnynt, mae'r paragraff hwn:

Gelwid y **Dolphin Inn** yn Llanymynech yn '**Dafarn y Tair Sir**' oblegid credu bod tair sir yn cyfarfod yn un o'i hystafelloedd. Enw tafarn ger Ffestiniog oedd '**Tafarn y traed mawr**' am mai llysenw perchenoges y dafarn oedd 'Mari traed mawr'. Gelwid tafarn arall gyfagos yn '**Dafarn y geiniog**' oblegid mai enw ei pherchen oedd Hugh Penny.

Defnyddid y term 'tafarn smwglyn' yn ne Cymru hefyd (o'r Saesneg, **Smuggling Inn**), a dyna'r hen enw ar hen dafarn didrwydded Cwm Castell ym mhlwyf Llanwinio ger Hendy-gwyn ar Daf. Yno, fel yn **Nhafarn Bach**, doedd neb yn prynu'r cwrw, ond yn gofyn am 'doc o fara' am geiniog neu ddwy ac yna'n cael y cwrw am ddim.

Daliwyd llygoden fawr, enfawr yn y **Nag's Head**, Aber-cuch, a hon oedd y llygoden fwyaf a ddaliwyd yn y cylch erioed. Stwffiwyd yr anifail, ac mae bellach i'w gweld wrth y ffenestr ac, yn naturiol,

*1. a 2. Abertawe; 3. Aber-cuch;*
*4. Llanfair Pwllgwyngyll*

'**Tafarn y Llygoden Fawr**' yw ei henw ar lafar.

Mae cysylltiad diddorol arall rhwng yr iaith lafar ac enwau tafarnau – clywyd yr ymadroddion 'rêl stori Benrhos' yn Llanfair Pwllgwyngyll, Môn a 'stori Cwins ydi honna' yn Llanrwst. Gwelir y tafarnau **Penrhos Arms** a'r **Queens** yn y lleoedd hynny, ac ystyr y dywediad yw'r hyn a elwir yn Saesneg yn *Cock and Bull Story*.

Stori o'r math hwnnw ydi hon, mae'n debyg: dau weithiwr yn trafod eu gwyliau ac un yn sôn ei fod yn mynd i Sbaen am wythnos. Dywedodd y llall ei fod yn mynd am bythefnos i Istanbwl. 'Istanbwl, prifddinas Twrci?' holodd y cyntaf, 'Nage, ista'n 'Bwl', Bethesda.'

Roedd yn arferiad rhoi penillion neu englynion ar arwyddion tafarnau yn yr hen ddyddiau – gwelir englynion o waith Eben Fardd ar lechfaen y tu allan i **Dy'n Llan**, Llandwrog o hyd. Ar ddiwedd y bedwaredd ganrif ar bymtheg, gwelodd Eos y Berth, sef Thomas Williams o blwyf Llanllechid, englyn Cymraeg wedi'i dorri ar drawst uwch y lle tân mewn tafarn yng Ngwlad yr Haf. Roedd yno gyda chriw ar y pryd, yn arbrofi tir a chreigiau ynglŷn ag agor chwareli i gwmni masnachol, ac roedd sawl criw cyffelyb o Gymry yn gweithio yn yr ardal. Hwn oedd yr englyn:

> Tyred yma er torri – dy syched
> Nid oes achos meddwi,
> Mae gwirod yma geri
> Wrth y tân ar werth i ti.

Cyfeirir at nifer o dafarnau mewn rhigymau, hen benillion a chaneuon gwerin. '**Bryntrillyn**' yw'r enw llafar gwlad ar y **Sportsman's Arms** ar Fynydd Hiraethog o hyd, sef y dafarn uchaf yng Nghymru tan iddi gau ychydig flynyddoedd yn ôl, a dyma'r hen bennill amdani:

> I dafarn Bryntrillyn daw'r cwrw brag
> Bariliau'n llawn a mynd o'ma'n wag;
> Ond mae'r morynion yn wahanol iawn,
> Dônt yma'n wag a mynd o'ma'n llawn.

Dyma bennill arall am weithgareddau digon tebyg i lawr yn Nyffryn Teifi:

*1. Tafarn Bryntrillyn; 2. Pontardawe; 3. Cwm Twrch*

Mae tafarn yng Nghilgerran
O'r enw Angel Inn,
A chwrw coch am arian
A gwasgu'r ferch am ddim.

Mewn hen gân werin sy'n ffarwelio â Blaenau Ffestiniog, cyfeirir at nifer o hen dafarnau'r ardal. Gelwid y **Maenofferen Hotel** yn '**Tŷ John Joiner**' ar lafar gwlad, a'r **Market Vaults** oedd enw swyddogol '**Siop yr Hall**' ar un adeg:

Ffarwel i dŷ John Joiner,
Ffarwel i Siop yr Hall,
Ffarwel i'r Highstone Tavern
Lle bûm yn meddwi'n ffôl.

Roedd hen dafarn yn Nhy'n-y-maes, ger Bethesda, a elwid yn '**Dafarn Sara**' ar un adeg, ac roedd traddodiad lleol bod John, mab y Sara a gadwai'r dafarn, yn ochri â Ffrainc adeg Rhyfel Boni. Dyna'r esboniad ar yr ymadrodd 'teulu Ffrainc' yn y pennill hwn o hen gân ffarwel i Nant Ffrancon:

Ffarwel fo i dafarn Sara sy 'ngwaelod isa'r Nant
Mi fuom yno ganwaith yn caru mam fy mhlant,
Yn yfed ac yn canu, fel deryn ar y gainc –
Nid af ddim yno eto rhag ffraeo â theulu Ffrainc.

Dau enw o orllewin Morgannwg i gloi'r bennod: **Tafarn y Gwachel** yw'r enw llafar ar **Dafarn Pontardawe** ac yng Nghwm Twrch mae tafarn yr **Old Tredegar Arms** yn cael ei nabod yn lleol fel '**Y Sticle**', sef lluosog 'sticil' (camfa).

# Enwau'r Tafarnau a Gollwyd

Yn ôl un hen rigwm:

> Tri thafarndy sy'n Nhre-fin,
> **Y Ship**, y **Swan** a'r **Fiddler's Green**.

Ond erbyn heddiw, dim ond y **Ship** sydd â'i drysau'n agored – tai cyffredin yw'r ddau arall. Dyna'r hanes bron ym mhob pentref a thref yng Nghymru, ac wrth i'r tafarnau gau, collwyd llawer o'r hen enwau. Eto, mae olion o'r enwau hefyd – yn Llangadfan mae'r enw Hen Dafarn i'w weld yn enw ar dŷ ac ym mhentref Llannor, Llŷn mae tai â'u henwau'n cofio'r hen fasnach: Dafarn Hir a Dafarn Gorniog.

Roedd nifer o dafarnau ar draeth Porth Dinllaen ar un adeg ac mae un ohonynt wedi'i anfarwoli yn y rhigwm hwn:

> Ym Mhorth Dinllaen mae cwrw llwyd
> A hwnnw'n ddiod ac yn fwyd,
> Mi yfais inna' lond fy mol
> Nes own i'n troi fel olwyn trol.

Yn 1828, wyth tŷ tafarn oedd ym Mangor, ond erbyn 1887, roedd wyth a phedwar ugain o dai'n gwerthu cwrw yno. Y rheswm am y cynnydd syfrdanol oedd bod cyfreithiau wedi dod i rym yn 1830 ac 1834 oedd yn llacio'r deddfau trwyddedu. Dyma sut yr esboniodd yr hanesydd lleol, Ernest Roberts, y datblygiad:

> . . . yn 1830 ac 1834 pasiwyd deddfau yn caniatau i bersonau oedd yn talu Treth y Tlodion i werthu cwrw ar daliad o ddwy gini i'r ecseismon. Nid oedd raid i'r personau hynny gael trwydded y Stusiaid. *Beerhouse* – 'Tŷ Cwrw' – oedd yr enw ar rheini.
>
> Prif amcan y deddfau hynny oedd ceisio diddyfnu gweithwyr o yfed jin a'u swcro i yfed cwrw drwy gynyddu'r cyfleusterau i yfed yn y Tai Cwrw. Roedd siopau jin rhad yn y dinasoedd mawrion yn creu hafoc ofnadwy ar fywydau dynion a'u teuluoedd pan oedd y ffatrïoedd newydd a godai yn sgîl y Chwyldro Diwydiannol yn methu cael digon o ddynion a merched a phlant i weithio ynddynt.

1. Tre-fin; 2. Llangadfan; 3. a 4. Llannor; 5. Maentwrog

Roedd rhai siopau jin yn hudo cwsmeriaid gyda hysbyseb fel – '*Drunk for one penny, dead drunk for t'pence, straw for nothing*'. Gwellt i gysgu arno yn y seleri – deffro ac ail-ddechrau ar bowt arall am ddwy geiniog.

Cyn pen tri mis ar ôl pasio deddf 1834, roedd y cyfleusterau yfed wedi rhedeg fel tân eithin tros y wlad gydag agos i ddeng mil ar hugain o Dai Cwrw yn Lloegr a Chymru. Buont yn agored am 35 mlynedd nes eu diddymu yn 1869 a throsglwyddo'r cyfrifoldeb am werthu diodydd yn ôl i'r Stusiaid.

O ganlyniad i'r deddfau hyn, mae llawer o 'hen dafarndai' a 'hen dai cwrw' yn britho trefi a chefn gwlad Cymru. Mae rhai, sy'n dai annedd preifat erbyn hyn, wedi cadw'r hen enwau, megis **Tafarn Trip**, ger Llyn Mair uwchlaw Maentwrog. Gair lleol am allt neu bwt o riw yw 'trip'.

Gwelir tai a ffermdai o'r enw **Tafarn Magl** a **Thafarn y Bugail** yn sir Aberteifi; **Tafarn Faig** yng Ngarndolbenmaen ac, yn

syml, **Dafarn** yn Llandwrog Uchaf.

Mae hanes diddorol y tu ôl i gau hen dŷ tafarn weithiau. Ger Pont Gethin yn Nyffryn Lledr, mae tŷ a elwir heddiw yn **Fish Inn**. Adeg codi'r bont anferth ar draws y dyffryn, roedd y Gwyddelod oedd yn gwneud y gwaith labro yn mynychu'r tŷ hwn, oedd yn dafarn ar y pryd, ac yn meddwi yn lle gwneud eu gwaith. Gethin Jones o Benmachno oedd yr adeiladydd, ac er mwyn gorffen y gwaith yn gynt, prynodd y dafarn a'r drwydded, a'i chau!

Mae murddun ar lan yr afon ym mhlwyf Maentwrog a elwid yn **Dafarn Helyg**, a gwelir pentrefi o'r enw **Tafarnyfedw** a **Thafarngelyn** ger Llanrwst a'r Wyddgrug, er nad oes sôn am y tai tafarnau hynny erbyn hyn.

Roedd cysylltiad agos rhwng gwahanol goed a thafarndai yn yr hen ddyddiau. Soniwyd eisoes bod polyn a thusw o ddail bytholwyrdd yn arwydd o groeso tŷ tafarn mewn un cyfnod. Cyfeiriodd Bob Owen, Croesor at y ffeiriau a gynhelid ar ôl y Diwygiad Dirwestol, pan oedd llawer o hen dafarndai'r plwyfi wedi'u cau. Ofnid na allai'r ychydig oedd yn weddill gyflenwi'r gofyn adeg ffeiriau a rhoddid trwyddedau undydd-unnos i rai tai cyffredin am dâl o hanner coron. Rhoddai'r tai hynny gangen o gelyn uwch ben eu drysau i nodi eu lletygarwch. Câi'r 'tafarnau celyn' hyn yr hawl i werthu cwrw ar ddiwrnod y ffair yn unig, ac os oedd cyflenwad dros ben drannoeth, roedd rhyddid i unrhyw un alw heibio i'w yfed. Gelwid trannoeth y ffair yn 'Ffair Wen'.

Yn un o'i lythyrau, mae Lewis Morris yn sôn am dafarn o'r enw **'Talddrws'** rhwng Llannerch-y-medd a Betws-y-glyn – dyna lle'r âi 'gwŷr mawr Môn' i botio, siŵr braidd. Dyna un o'r enwau sydd bellach wedi'u colli ac, i mi, mae rhyw ramant arbennig yn perthyn i un neu ddau o'r rhai diflanedig.

Dyna **'Eden'**, oedd yn enw ar dŷ ar y Preselau oedd yn dafarn hyd at dri degau'r ugeinfed ganrif. Dywed E. Llwyd Williams yn *Crwydro Sir Benfro*: 'bu mwy nag un ystyr yn yr ardal i linell gynta'r emyn poblogaidd, "Yn Eden cofiaf hynny byth . . ." '

Yn y Waunfawr yn Arfon, roedd tafarn a elwid yn **'Caban Aur'** – dyna lle câi'r chwarelwyr fwyniant wedi gweithio'r graig yn y dydd, ac mor euraid, mae'n siŵr, oedd yr amser a dreulient yn y caban hwnnw, o'i gymharu â'r caban yn y chwarel. Enw hollol Gymreig yn yr un cywair eto yw **Tafarn y Delyn Aur** – mae hon i'w gweld yr ochr isaf i Bont Aberglaslyn ac roedd yn gwasanaethu nifer o longau oedd yn cyrraedd y cei ar y lan yn y fan honno – atgof o'r cyfnod pan oedd y môr yn cyrraedd Aberglaslyn cyn codi'r Cob ym Mhorthmadog.

Ym Mhen-sarn ger Mynydd Parys ac Amlwch, mae tŷ a elwir yn '**Meinars**' – atgof o hen dafarn y **Miner's Arms** oedd yno yn nyddiau'r diwydiant copr yn yr ardal. Ychydig i'r de, gwelir tafarn y **Pilot Boat Inn** yn Nulas, yn gofnod o bwysigrwydd Pwynt Leinws lle byddai peilotiaid afon Lerpwl yn byrddio'r llongau i'w llywio'n ddiogel i'r porthladd hwnnw. Ond yr hen enw oedd **Yr Efail Fawr** (ac mae **Yr Efail Fach** gerllaw). Hen dafarnau cyfnod y porthmyn oedd y rhain.

Roedd llawer o enwau hudol ar hen dafarndai ym Methesda, megis '**Tŷ Siwsan**', '**Tŷ Cadi Ffortiwn**', '**Picin**' a '**Cors yr Eira**', ond yr un godidocaf ohonynt i gyd oedd '**Nefoedd Bach**', a welid yn Stryd y Fein, tu cefn i'r Stryd Fawr. O na chawn innau droi'r cloc yn ôl rhyw ganrif go dda a chael cyfle i godi clicied y '**Nefoedd Bach**'!

*Hen dafarn Y Delyn Aur, Aberglaslyn*

# Tafarnau Bro

Nid dim ond tafarnau sydd wedi dioddef dan wasgfa ariannol dechrau'r ganrif hon. Mae'r holl economi a'r gwasanaethau pentrefol a gwledig wedi dod o dan yr ordd – dim doctoriaid, cau ysgolion, siopau bychain yn cau, swyddfa'r post a banciau yn gadael, capeli ac eglwysi'n wag. Mewn sawl ardal, er hynny, adferwyd yr ysbryd brogarol lleol a rhoddwyd hwb i hyder ac economi'r cylch drwy achub y dafarn olaf a sefydlu menter gydweithredol neu gymunedol ar y safle.

Caeodd drysau'r **Pengwern** yn Llanffestiniog yn Ionawr 2009. Hon oedd yr olaf o bedair tafarn yn y pentref hwn ym mro chwareli Meirionnydd. Daeth 150 o bobol leol ynghyd i brynu siariau a phrynwyd yr adeilad gyda chymorth benthyciadau a grantiau pellach. Ailagorodd fel tafarn gymunedol ym Mai 2011. Mae'r un stori i'w chlywed ym mhentref Clawddnewydd ger Rhuthun – **Tafarn Glan Llyn** – a nifer o ardaloedd eraill drwy Gymru.

Enillodd y **Lion**, Treorci sawl gwobr fel tafarn gymunedol – mae'n noddi'r tîm rygbi lleol, yn paratoi Ogof Siôn Corn i 600 o blant bob Nadolig ac yn cynnal gŵyl gerddorol i 2,000 o bobl bob haf. Ar un wedd, mae Llanarmon-yn-Iâl wrth droed bryniau Clwyd yn bentref llewyrchus, gydag eglwys, capel, ysgol a siop. Ond ni fyddai tafarn yno oni bai bod gwirfoddolwyr yn rhedeg y **Raven** fel tafarn bentref draddodiadol ers Awst 2009. Mae ganddi enw da am gwrw-go-iawn a bwyd lleol ac mae'r elw'n noddi nifer o brosiectau cymunedol.

Sicrhaodd tafarn y **Saith Seren** ddigon o nawdd misol i barhau fel tafarn gymunedol Gymraeg yng nghanol Wrecsam yn ddiweddar – mae'r pwyslais yno ar fod yn ganolfan i ddosbarthiadau dysgwyr ac adloniant Cymreig. Yng Nghrughywel yn 2015 – tref y mae bron pob siop yno'n fusnesau annibynnol – llwyddodd yr ardalwyr i wrthwynebu bod cwmni Punch yn troi tafarn y **Corn Exchange** yn archfarchnad ac mae cynlluniau ar droed i greu tafarn fro yno.

Mae tafarnwyr annibynnol hefyd yn sylweddoli bod yn rhaid iddynt ddarparu gwasanaethau lleol i'r fro er mwyn goroesi.

1. Llanffestiniog; 2. Clawddnewydd; 3. Llanuwchllyn; 4. Wrecsam

Mae **Tafarn yr Eryrod**, Llanuwchllyn yn gwerthu papurau newydd ac yn cynnig paned yn ystod y dydd tra bod tafarn **Creigiau** ger Caerdydd yn cynnal apêl bentrefol drwy agor ei drysau yn ystod y dydd i wahanol grwpiau gyfarfod yno am goffi.

Yn 1979, sefydlwyd cwmni cymunedol i brynu a rhedeg **Tŷ Newydd**, Sarn ym Mhen Llŷn er mwyn cadw cymeriad y dafarn draddodiadol honno. Gwelwyd datblygiad tebyg yn **Nhŷ Uchaf**, Penmachno yn 1987, ond aeth y ddwy yn ôl i ddwylo preifat yn ddiweddarach. Y ddiweddaraf i agor ei drysau fel tafarn fro yw'r **Iorwerth** ym Mryngwran, Môn a'r hynaf erbyn hyn – yr hynaf yn Ewrop, a dweud y gwir – yw'r fenter gydweithredol bentrefol sy'n parhau i ofalu am **Dafarn y Fic**, Llithfaen ers 1988. Nid oedd y bragdy Allied Brewery yn gweld dyfodol i fasnach y Fic yn yr hen bentref chwarelyddol ar yr Eifl yn Llŷn – ond doedd y pentrefwyr ddim yn fodlon ildio. Codwyd cyfalaf drwy werthu siariau a phrynwyd yr adeilad, ei adfer ac ailagor y dafarn gyda phwyslais ar adloniant Cymraeg. Codwyd estyniad helaeth a chegin newydd yn 2004 a bellach mae'r fenter yn cynnal rhaglen lawn o adloniant, gŵyl Ha' Bach bob Medi yn ogystal â bod yn gyflogwr hanfodol a chydweithio gyda mentrau eraill yn yr ardal fel y siop gymunedol a Chanolfan Nant Gwrtheyrn.

Mewn rhai mannau, clybiau adloniant Cymraeg sy'n cael eu ffurfio – megis Clwb y Bont, Pontypridd a Chlwb Canol Dre, Caernarfon. Mae'r olaf wedi'i leoli mewn hen dafarn sy'n bedwar cant oed ac mae'r dyddiad dan gloc haul ar ei wal o hyd – y 'Packet House' oedd hon ar un adeg, yn atgof o'r llongau *'packet'* hynny oedd yn cludo post a phecynnau ar hyd y glannau.

Ym mhob rhan o Gymru, mae gweledigaeth newydd i'w chanfod lle mae gwasanaethau a busnesau oedd wedi'u colli o'r ardal yn cael eu canoli yn y dafarn bentrefol. Dyna ysbryd y Dafarn Gadarn (*Pub is the Hub*) sy'n rhoi bywyd newydd i dafarnau mewn sawl bro.

1. *Bryngwran; 2. Llithfaen;*
3. *Pontypridd; 4. a 5. Caernarfon*

# Llyfryddiaeth

Evan Roberts, 'Yr Hen dŷ'r Llan', *Yr Haul*, Gorffennaf 1932, tt. 200-202.

Ray Laity, 'Inn signs and heraldy', *Cylchgrawn Llyfrgell Genedlaethol Cymru* I/1974, tt. 7-8.

J. Ingman, 'Old Bangor Inns', *Trafodion Cymdeithas Hanes Sir Gaernarfon* 1949, tt. 38-82; 1950, t. 125.

N. Tucker, 'Inn Register 1801–1825', *Trafodion Cymd. Hanes Sir Gaernarfon* 1955, tt. 63-69.

D. S. Davies, 'Radnorshire Inns', *Trafodion Cymdeithas Maesyfed* 1941, tt. 3-25; 1943 tt. 45-47.

'Some old inn signs of South Wales', *Wales and Monmouthshire* 1939, tt. 7-10; tt. 19-24.

E. H. Jones, 'Old coaching inns of Wales', *Welsh Review*, Mawrth 1939, tt. 102-4.

Bob Owen, 'Rhamant yr hen dafarnau', *Y Ford Gron*, Mawrth 1934, tt. 101-102, 120.

C. Spurrell, 'Camarthen – its inns and taverns', *Cylchgrawn Cymdeithas Hanes Sir Gaerfyrddin*, 60/25 tt. 39-44; 61/26 t. 5.

Eric Delderfield, *Brief Guide to British Inn Signs* (Exmouth, 1986).

Peter Walsh, *Dublin's Heritage of Pubs* (Dulyn, 1988).

Robin Gwyndaf, 'Traddodiadau Gwerin Bro Myrddin', *Taliesin*, Rhagfyr 1975, tt. 30-31.

D. E. Jenkins, *Beddgelert: its facts, fairies and folk-lore* (Porthmadog, 1899).

Frederick W. Hackwood, *Inns, Ales and Drinking Customs of Old England* (Llundain, 1985).

Robat Gruffudd, *Tafarnau Cymru* (Talybont, 1978).

George Borrow, *Wild Wales* (Llundain, 1923).

W. Davies, 'Llên Gwerin Meirion', *Cyfansoddiadau Eisteddfod Genedlaethol Ffestiniog* 1898, t. 250.

W. Hughes (gol.: Glyn Thomas), *Rhiwen: Atgofion Bywyd William Hughes* (Dinorwig, 1978).

Eldra ac A. O. H. Jarman, *Y Sipsiwn Cymreig* (Caerdydd, 1979).

Steffan ab Owain, 'Rhamant Tafarnau Plwyf Ffestiniog', *Rhamant Bro,* Rhifynnau 3 a 4.

Thomas Burke, *English Inns* (Llundain, 1943).

A. E. Richardson, *The Old Inns of England* (Llundain, 1934).

*Enwau Tafarnau Cymru*

W. H. Owens, 'Inn Signs with a tale to tell', *Country Quest,* Cyf. 26/7, Rhagfyr 1985.

Cadbury Lamb, *Inn Signs* (Rhydychen, 1976).

Robin Gwyndaf, 'Tafarnau Cymru: Casgliad o Rigymau' – o Archif Amgueddfa W Cymru, Sain Ffagan.

Ernest Llwyd Williams, *Crwydro Sir Benfro* (Llandybïe, 1958).

Jacob Larwood/John Camden Hotten, *English Inn Signs* (Exeter, 1985).

Ernest Roberts, 'Hen Dafarnau Bethesda', *North Wales Weekly News.*

John Williams-Davies, *Seidr: Diod Gadarn yr Afallen,* Llyfrau Llafar Gwlad 2 (C Garmon, 1986).

Twm Elias, *Y Porthmyn Cymreig,* Llyfrau Llafar Gwlad 3 (Capel Garmon, 1987).

Dorothy Nicolle, *All about Pub Signs,* Blue Hills Press, Wem, 2010.

Leslie Dunkling a Gordon Wright, *Pub Names of Britain,* J. M. Dent, Llundain, 199.

**Diolch i'r canlynol am wybodaeth lafar:**

Arthur Thomas, Porthmadog; Dylan Iorwerth, Llanwnnen; Walter Jones, Amgu Werin Cymru; Islwyn Iago, Aberteifi; David Penny Jones, Pontypridd; Robin Gw Amgueddfa Werin Cymru; Alun Jones, Llandysul; Steffan ab Owain, Blaenau Ffest Dafydd Guto, Bethel; y diweddar John Owen Huws, Waunfawr; Thomas Gorseinon; Ieu Rhos; Barry Davies, Caerdydd; y diweddar Bedwyr Lewis Jones, B Twm Elias, Nebo; Ann Davies, Llanfairpwll; y diweddar R. M. Williams, Llanrwst Ladd Lewis (tafarnau Penfro); Emrys Llewelyn (tafarnau Caernarfon); Owie Jone y-sarn, Môn; Nia Watcyn Powell, Nanmor.

*Ar y dudalen olaf:*
1. *Rhydyclafdy;* 2. *Hendre, ger yr Wy*
3. *Rhostrehwfa, ger Llangefni;*
4. *Cwm Du, ger Llandeilo*